Take a

You're Getting

by Yakir Ben-Moshe

translated from the Hebrew by
Dan Alter

Ben Yehuda Press
Teaneck, New Jersey

TAKE A BREATH, YOU'RE GETTING EXCITED English translation © 2024 Dan Alter. All rights reserved. No part of this book may be used or reproduced in any manner whatsoever without written permission except in the case of brief quotations embodied in critical articles and reviews. Originals published in *Tinshom Amok, Ata Nirgash* by Carmel Press, Jerusalem, 2009.

Published by Ben Yehuda Press
122 Ayers Court #1B
Teaneck, NJ 07666

http://www.BenYehudaPress.com

To subscribe to our monthly book club and support independent Jewish publishing, visit https://www.patreon.com/BenYehudaPress

Jewish Poetry Project #46   http://jpoetry.us

Ben Yehuda Press books may be purchased at a discount by synagogues, book clubs, and other institutions buying in bulk. For information, please email markets@BenYehudaPress.com.

On the cover: Mural at 15 Washington Boulevard, Florentine quarter, Tel Aviv, by Zev "Shoshke" Engelmayer and Oren Fischer. Photograph by   Harvey Sapir released to the Wikimedia Commons with a CC-BY-2.5 license. Learn more at orenfischer.com and instagram.com/shoshke_engelmayer

ISBN13 978-1-963475-47-0 paper 978-1-963475-48-7 epub

Library of Congress Cataloging-in-Publication Data

24 25 26 / 10 9 8 7 6 5 4 3 2 1   20240810

Contents

Take a Breath, You're Getting Excited

Again The Poet Does Not Leave His House / 3

Broken up. Stammering

Rejoice Jerusalem / 7
That's how it is / 9
1973-2003 / 11
Simple Life / 13
My body is a place / 15
Oh Yakir / 17
After I was orphaned from myself, I got hungry / 19
Egocerto for violin and orchestra / 21
Dreams too are fried in the east / 23
Three directions of air / 25
Why do I have to listen to Beethoven's Hammerklavier Sonata alone / 27
Gravitation / 29
Does only nighttime refuse to go to the light / 31
I met Stavit at the beginning of spring / 33
Coffee trembling in hand / 35
Language always returns to its motion / 37
Between all the stuff piling into a barrier / 39
Looking good. Aim the moon at the gaze / 41
Corner of my eye / 43
Film Noir / 45
It's not that the dream's smell is wrong / 47
It's the poetry that makes you dumb / 49

The air is too high, or weaker than me

But I never scratch / 53
Next ex. / 55
Alone again, forced to get out of life's limousine / 57

Animal Vegetable / 59
Your body's tired, I hear myself / 61
I made a plan with Hili & canceled so I could write / 63
In stages, the way you take off a diaper / 65
Deep sea breaker / 67
Does God dream of being someone else? / 69
Hair receding, paunch breathes on its own / 71
Magic Flute / 73
Yahali tried to talk me out of marrying her / 75
Trio for Piano Opus 42 / 77
& now, go convince biography to stop dreaming / 79

Toward the silver-purple spring

If not for this innocence / 83
After a few pelvic thrusts, I gave up / 85
Sarit, tonight I dreamed I was riding your schedule / 87
Horizon & gloom / 89
To page reality backwards / 91
The body empties / 93
Kicked away moon / 95
I didn't think that's how I would part / 97

& if only for one launch

*** / 101

Endnotes / 103
Acknowledgements / 105
About the Author / 107
About the Translator / 107

These translations are dedicated to the beloved memory of Ilan Vittenberg.

Yakir Ben-Moshe

Introduction

When I began to read Israeli poetry in the 1980s as I was coming of age, I found a landscape dominated by giants. These were the "national poets:" Bialik and Amichai in their respective generations, and behind them a half-dozen or so well-known figures. For an aspiring American writer it was hard not to be jealous of the widespread popularity my Israeli counterparts enjoyed. As Hebrew after eighteen centuries became again a language in which millions of people lived their lives, its literature had flowered. The new Hebrew-speaking society was filled with a sense of history in the making, in which poetry participated actively and played a unifying role, and the major poets were household names in Israel with international recognition.

Forty years later the landscape couldn't be more different. As occurred a generation earlier in the English-speaking world, poetry in Israel has become a niche medium. Instead of a few central voices, a wide spectrum of poets is writing in Hebrew, none of whom command national presence or attention outside of Israel. Further, the scene has splintered into schools such as neo-formalists and a spoken-word-inflected Mizrahi contingent known as "Ars Poetica."

Yakir Ben-Moshe is a case in point. Though he has published five books of poems over 20 years, holds a Prime Minister's Prize for literature, and serves in a prominent cultural post as the Director of the Bialik House in Tel Aviv, Ben-Moshe is not particularly known in Israel beyond poetry circles, and this is his first volume to appear in English. Notwithstanding his Iraqi heritage, Ben-Moshe's work is not aligned with Ars Poetica, nor any other school that I am aware of. In fact, one of the things that drew me to his work, and to this book in particular, is its elusive, sly multiplicity, a playful defiance of category.

Ben-Moshe's second book, published in 2009, is built around the serial dating life of a youngish man in Tel Aviv. It is a seemingly casual collection with a light, jaunty surface, but the more time is spent with the poems the more depth they reveal. Israel is a country full of tension, established under heavy historical pressures. In a society with war and the threat of war as a constant, and the long legacies of antisemitism in the background, its poetry can often strike a serious tone, verging on grim. In this landscape Ben-Moshe's light touch, his playful approach to both language and subject, is a tremendous asset.

The poems brim with openings that read like set-ups for a joke: "*After I broke up with Elinor and with Hagar/ I stayed with Merav, a yogahead/who never stops praying to god before bed*" ("Three directions of air"). "*Better a bad poem than a good date.*" ("I made a plan with Hili, & canceled so I could write"). "*I met my next ex after I'd given up on watching the clock*" ("NEXT EX"). However, if there is a butt of the joke, it is always the poet. He's the figure who sings off key, while a dog pisses on his motorcycle, and while he sits home alone watching movies, wishing he could tell his ex his deep thoughts, even the subtitles go out. As Sharon declares in "It's the poetry that makes you dumb," this poet is, or at least plays, the fool.

This mode of playing the fool, of approaching serious subjects playfully, of "*whistling at an angle*" ("Egocerto for violin and orchestra") suffuses the book. The poems refuse to be too serious about self, romance, aging, dating, even the high calling of poetry itself. Ben-Moshe also handles language and symbol with exuberant irreverence that can spill over into absurdity, as in a closing line like "*Welcome to cucumber season*" ("Why do I have to listen to Beethoven's Hammerklavier Sonata alone,") or the almost Dadaist romp of "Does only nighttime refuse to go to the light" in which the speaker "*marries [his] laziness,*" and then sings a long nonsense song involving stopping up someone's bellybutton, or not doing whatever that is.

But just under, or next to the playful surface, hover mysteries. While the poet "does not leave his house," or no matter how many romances he begins and ends, he struggles with silence, with something too complicated or elusive to say even with all the words which "pile into a barrier." Body, house, language, speech and silence all become characters in a drama which despite the humor it comes packaged in is very serious.

That self-effacing humor, along with a typically Israeli frankness, affords Ben-Moshe an honesty with which he navigates the risky business of a male chronicling his romantic ups and downs with the single women of Tel Aviv. That male voice is not the only frank talk to be found in the book. A full cast of female characters parades through the poems, speaking for themselves, and frequently voicing their opinions of "Yakir:" in a long speech Hagar dismisses him as a self-absorbed bore; Yahali advises him that he comes on too strong; Keren, while she enjoys sleeping with him, tells him he needs to grow up.

But the main character, as many of these women attest, is always that figure named Yakir. And the primary relationships are those of "Yakir's:" with the body, bodily desires, loneliness amidst all the dating, and a consuming longing for connection. The women come and go with little chance for their characters to develop. But the relationships of speaker to body and inner self gather dimension and subtlety as the book moves from the first poem in which the body "rejoices in its bodiliness" to the penultimate poem in which speaker and body separate like a boy and his balloon. It is finally this complexity, the fullness of work on these themes through this obsessive account of a young man's serial dating, delivered with Ben-Moshe's playfulness alongside poetic depth, which make these poems so satisfying to spend time with.

It's tempting to read contemporary Hebrew poetry through a screen of nostalgia for its highwater accomplishments of the previous century. In a time of nation-building, with an overriding sense of common purpose, poets could write from singular experience and seem to speak for everyone. But in a well-established society like Israel, voices and perspectives proliferate and diverge, into a multiplicity of individuals working out their particular stories. These poems of a man chasing after connection with partner, with body, with himself, as he stumbles, falls on his face, and gets back up to try again—are one set of local evidence that the art form is alive and well.

Take a Breath, You're Getting Excited

המשורר שוב אינו יוצא את ביתו

כִּשְׁנֵי מְחוֹגִים אִטִּיִּים בִּשְׁעוֹן הָעוֹלָם
מַפְסִיעִים הַמְּשׁוֹרֵר וּבֵיתוֹ אֶת קוֹלָם
בִּרְוָחִים שְׁקוּלִים:
הַמְּשׁוֹרֵר מְעַבֵּר אֶת שְׂפָתוֹ לְזֶמֶר חֲגִיגִי,
בֵּיתוֹ מַפִּיל אֶת צְלִילָיו לְאָחוֹר.
כַּמָּה מֻפְשֶׁלֶת הַמִּלָּה «בַּיִת",
כַּמָּה עֵירֹם קוֹל
הַלּוֹחֵךְ אוֹתִיּוֹת עַל מִפְתַּן הַגָּרוֹן.
הַמְּשׁוֹרֵר אֵינוֹ יוֹצֵא,
הַשִּׁירָה יוֹצֵאת בִּמְקוֹמוֹ.
בִּמְהִירוּת,
כַּשְּׁתִיקָה הַנִּתֶּזֶת מִן הַשֶּׁקֶר –
יוֹצֵאת הַשִּׁירָה אֶת הַבַּיִת,
מִן הַגּוּף הַחוֹגֵג אֶת גּוּפָנִיּוּתוֹ.

Again The Poet Does Not Leave His House

Like two slow hands of the world's clock
the poet and his house march their voice
in measured gaps:
the poet begets his language to a joyful refrain,
his house casts its notes behind.
How sleeveless is the word house,
how naked a voice
grazing on letters at the throat's doorstep.
The poet does not go out,
poetry goes out instead.
Rapidly,
like silence sprayed from lying—
poetry goes out of the house,
from the body rejoicing in its bodiliness.

נפרד. מתחיל לגמגם

Broken up. Stammering

שישו את ירושלים

לְבַסּוֹף נִפְרַדְתִּי מֵאֱלִינוֹר בִּגְלַל הַחַמָאס. וְדַוְקָא בְּמִסְעֶדֶת
פְלוֹרֶנְטִין.
לֹא יָכֹלְתִּי לִסְבֹּל אֶת הָעֻבְדָּה שֶׁהִיא מַצְדִּיקָה פִּגּוּעִים "בִּגְלַל
הַכָּבוֹד
שֶׁל הַפָּלֶשְׂתִּינָאִים". מִיָּד הִקְפַּצְתִּי אֶת צַלַּחַת הַזֵּיתִים עַל הַשֻּׁלְחָן
וְהוֹדַעְתִּי שֶׁהִיא שִׁטְחִית, חַסְרַת בִּטָּחוֹן וּמְנַסָּה לִמְצֹא-חֵן
כְּמוֹ. מַתְחִיל בְּנֹעַר הָעוֹבֵד. קַמְנוּ מֵהַשֻּׁלְחָן.
בַּיְּצִיאָה הִיא הִתְעַקְּשָׁה לְהַחְזִיק לִי אֶת הַיָּד, סֵרַבְתִּי.
בִּקְשָׁה לַעֲשׂוֹת סִיבּוּב בָּרֶגֶל, הִסְכַּמְתִּי.
הָלַכְנוּ לַמּוֹשָׁבָה הַגֶּרְמָנִית.
הִיא הִקִּיפָה בִּנְיָן נָטוּשׁ וַאֲנִי יִדִּיתִי אֲבָנִים לַחוֹל.
סָפַרְתִּי שְׁמוֹנֶה אֲבָנִים עַד שֶׁהִיא חָזְרָה, תּוֹסֶסֶת
כְּמוֹ טֶמְפְּלֶרִית חֲצוּפָה שֶׁהִגְנִיבָה אַרְגַּז תַּפּוּזִים לַכִּיס.
הוֹדַעְתִּי שֶׁזֶּהוּ, הַשָּׁעָה מְאֻחֶרֶת, וְהֶחְזַרְתִּי אוֹתָהּ הַבַּיְתָה בָּאוֹפַנּוֹעַ.
כָּל הַדֶּרֶךְ נִסִּיתִי לָשִׁיר "שִׂישׂוּ אֶת יְרוּשָׁלַיִם", אֲבָל נִכְשַׁלְתִּי.
לֹא הִגַּעְתִּי לַטּוֹנִים הַגְּבוֹהִים, בְּעוֹד הִיא מְזַמְזֶמֶת אֶת הַפִּזְמוֹן בְּלִי
לְזַיֵּף.
שְׂמֹאלָנִית ד'שְׂמֹאלָנִית, אוֹהֶבֶת שִׁירֵי אֶרֶץ יִשְׂרָאֵל.
עָבַר שָׁבוּעַ וְלֹא הֶחְזַרְתִּי לָהּ טֶלֶפוֹן. נִסִּיתִי לִפְנוֹת יָמִינָה
וְהִכַּרְתִּי קְצִינַת קֶבַע. לֹא מִתְעַנְיֶנֶת בְּפּוֹלִיטִיקָה, מַה זֶּה שָׁוֶה.
הִכַּרְתִּי מִישֶׁהִי אַחֶרֶת, מוֹרָה לְיוֹגָה שֶׁכָּל הַזְּמַן שָׁלְחָה לִי שִׁירִים
לַעֲרִיכָה.
חִפַּשְׂתִּי בָּהֶם פּוֹלִיטִיקָה וְלֹא מָצָאתִי. כָּךְ שֶׁלְּבַסּוֹף נִפְרַדְתִּי
מֵאֱלִינוֹר.
תָּמִיד הָיִיתִי חָזָק בִּידִיעַת הָאָרֶץ.

Rejoice Jerusalem

Finally I broke up with Elinor because of Hamas. In Restaurant
Florentine no less.
I couldn't stand the fact that she justifies terror strikes "because of
the honor
of the Palestinians." Right then I made the dish of olives jump on the
table
and announced that she's superficial, insecure and as eager to please
as a meeting of labor youth. We got up from the table.
At the door she insisted on holding my hand, I refused.
She asked to take a walk, I agreed.
We walked to the German Colony.
She circled an abandoned building and I threw stones into the sand.
I counted eight stones until she got back, bubbly
as a boldfaced Templar who snuck a crate of oranges into her pocket.
That's it, I announced, it's getting late, and I took her home on my
motorcycle.
The whole way I tried to sing "Rejoice O Jerusalem" but failed.
I couldn't reach the high notes, while she was singing the chorus
right in tune.
A leftist's leftist, loves the old time songs.
A week passed & I didn't return her calls. I tried to turn right
& met an army officer. She's not interested in politics, what's the
point.
I met someone else, a yoga teacher who kept sending me poems to
edit.
I looked for politics in them and didn't find it. So in the end I broke
up with Elinor.
I was always a good student of Knowledge of the Land.

Take a Breath, You're Getting Excited 7

ככה זה

עַל הָאַסְלָה הַבֵּיתִית
שׁוֹמֵעַ אֶת הַחֲמִישִׁיָּה לְפְּסַנְתֵּר בְּפָה מִינוֹר שֶׁל בְּרַהְמְס.
הַגּוּף צָמוּק בִּגְלַל טִילִים
שֶׁלֹּא נוֹפְלִים עַל תֵּל אָבִיב.
נַסְרָאלְלָה בַּטֶּלֶוִיזְיָה, חָבוּשׁ כּוֹבַע וּמְסֹרָק.
אֲנִי פּוֹחֵד. אֶתְמוֹל בָּאַזְכָּרָה לְבְּיָאלִיק
נִשְׁעַנְתִּי עַל שָׂרָה גּוּזִ׳ינְסְקִי, הֲכִי צְעִירָה בַּגּוּשׁ.
רַק עֶשְׂרִים וְאַרְבַּע שָׁנִים בַּקֶּבֶר. כָּכָה זֶה כְּשֶׁמְּנַסִּים לְכַוֵּן
שְׁעוֹנִים עִם הַמָּוֶת, בְּעוֹד הַתּוֹדָעָה מִשְׁתּוֹלֶלֶת
בְּלִי חִתּוּל בַּיְרֵכַיִם.

That's how it is

On the old home toilet
listening to Brahm's Piano Quintet in F Minor.
Body wrinkled because of missiles
that are not falling on Tel Aviv.
Nasrallah on TV, a hat on, hair combed.
I'm afraid. Yesterday at the memorial for Bialik
I leaned on Sarah Gruzhinsky, youngest in the section,
only twenty-four years in the grave. It's like that when you try to synchronize
clocks with death, while consciousness goes wild
without a diaper between the thighs.

2003 - 1973

נִזְהָר שֶׁלֹּא לָגַעַת בְּעַצְמִי אֲנִי מִתְהַלֵּךְ אַחַר שְׁנוֹתַי
רוֹדֵף אֶל תּוֹךְ הַבַּיִת אֶת חֲתוּלֵי הַפַּחַד
הַחוֹמְקִים מִתּוֹךְ הַגּוּף נִזְהָר
שֶׁלֹּא לָגַעַת בְּעַצְמִי נִמְנָע מִלִּשְׁמֹעַ
(פְּרֶלוּד 3 לְצֶ'לוֹ בָּאךְ) מִלִּקְרֹא
(אוֹנֶיֶגִין) מִלָּגַעַת שֶׁלֹּא לָגַעַת
מִתְהַפֵּךְ כְּמוֹ זִכָּרוֹן אַחַר זְנָבוֹ
מַאֲכִיל חֲתוּלִים בְּיָד מְיֻמֶּנֶת
שֶׁכְּבָר מִזְּמַן הָפְכָה לִתְנוּפָה בְּלִי מָעוֹף
וְהַבַּיִת רֵיק. עַד כַּמָּה שֶׁלֹּא נִקְלַע אוֹתִיּוֹתֵינוּ
נִוָּתֵר בַּיִת רֵיק. לְאָן נֶעֶלְמוּ הַמֶּרְחַקִּים
כְּשֶׁהָפַכְנוּ פָּנֵינוּ לְאָחוֹר?

1973-2003

Careful not to touch myself I go walking after my years
I chase into the house the cats of fear
which slip out of my body careful
not to touch myself I refrain from listening
(Bach Prelude 3 for Cello) from reading
(Onegin) from touching not to touch
I turn over like a memory after its tail
feed cats with a practiced hand
that long since changed to momentum without flight
and the house is empty. As much as we fire off our letters
we remain an empty house. Where did the distances vanish to
while we turned our faces back?

חיים פשוטים

עַכְשָׁו, לְאַחַר שֶׁחָזַרְתִּי מִבִּקּוּר אֵצֶל סָבְתָא שֶׁל מֵרַב
אֲנִי מַתְחִיל לְהָבִין אֶת הַפֶּה וְהַבָּשָׂר.
אָכַלְנוּ בֵּיצָה מְבֻשֶּׁלֶת, טְבוּלָה בְּקוֹטֶג' עַל פְּרוּסַת לֶחֶם
וְאָמַרְתִּי לְמֵרַב שֶׁתָּשִׂים לֵב כַּמָּה הַחַיִּים פְּשׁוּטִים
בְּפַרְדֵּס חַנָּה. "הַכֹּל טִבְעִי כָּאן", הֵעַרְתִּי בְּעוֹדִי
גּוֹרֵף אֶת לַחְלוּחִית הַבֵּיצָה לְתוֹךְ הַפְּרוּסָה.
וְשָׁתִינוּ תֵּה עִם עָלִים קְטַנִּים, אַחַר-כָּךְ עִם עָלִים גְּדוֹלִים
גִּהַקְתִּי פַּעַם, פַּעֲמַיִם – עַד שֶׁהֶחְלַטְנוּ לָשׁוּב לְתֵל אָבִיב.
כָּל הַדֶּרֶךְ הִתְוַכַּחְנוּ.
הִסְבַּרְתִּי שֶׁהַגּוּף מְשׂוֹחֵחַ אִתָּנוּ רַק כְּשֶׁהוּא רָעֵב
אֲבָל הִיא תִּקְּנָה אוֹתִי בַּעֲדִינוּת:
"זֶה לֹא שֶׁאֵינְךָ יוֹדֵעַ לְהַקְשִׁיב, הַשָּׂפָה בֵּינֵיכֶם שְׁגוּיָה."
מֵאָז אֲנִי מִשְׁתַּדֵּל לְדַבֵּר יוֹתֵר בָּרוּר.
אֲנִי אוֹמֵר "קָדִימָה", וְהַגּוּף סוֹגֵר חַלּוֹן.
אֲנִי אוֹמֵר "תַּפּוּחַ", וְהַגּוּף מִתְיַשֵּׁב עַל הַמִּטָּה.
אֲנִי אוֹמֵר "שֻׁלְחָן", וְהַגּוּף מִתְכַּסֶּה בְּמַצָּעִים.
שׁוּב טָעִיתִי. דָּבָר אֵינוֹ כַּשּׁוּרָה.

12 *Yakir Ben-Moshe*

Simple Life

Now, after getting back from a visit to Merav's grandma
I begin to understand mouth and flesh.
We ate soft-boiled eggs, dipped in cottage cheese, on sliced bread
& I said to Merav, notice how simple life is
in Pardes Chanah. "Everything's natural here," I observed while
I mopped up the runny egg with bread.
We drank tea with little leaves, then with big leaves
I yawned once, twice—until we decided to go back to Tel Aviv.
We argued the whole way.
I explained that the body converses with us only when it's hungry
but she corrected me delicately:
"It's not that you don't know how to listen, the language between you
    two is faulty."
Since then I'm trying hard to speak more clearly.
I say "forward," and the body closes a window.
I say "apple," and the body sits down on the bed.
I say "table," and the body pulls the sheets up.
Mistaken again. Nothing is going on track.

הגוף שלי מקום

וַהֲלֹא שְׁנֵינוּ לְבַד כָּאן הַלַּיְלָה, אֲנִי אוֹמֵר לְשָׂרִית וּמִתְכּוֹפֵף לְכַבּוֹת
  אֶת הָאוֹר.
אֲבָל הִיא מִתְעַקֶּשֶׁת: הִבְטַחְתָּ לְגַלּוֹת לִי הֵיכָן לִמְצֹא אוֹתְךָ
  כְּשֶׁאַחְלִיט לָלֶכֶת.
אֲנִי מַצְבִּיעַ עַל אֲרוֹן הַסְּפָרִים, וְהִיא לֹא מְרֻצָּה.
הִנֵּה כָּאן, אֲנִי מַצְבִּיעַ עַל הָרֶוַח
בֵּין צְלִילֵי הַכִּנּוֹר שֶׁל סִיבֶּלְיוּס,
עַל הַשֶּׁקֶט שֶׁל מֵי הָאַמְבָּט
בְּעֹמֶק
פִּי הַטַּבּוּר, אֲבָל הִיא לֹא מְרֻצָּה.
מְבַקֶּשֶׁת שֶׁלֹּא אֲכַבֶּה אֶת הָאוֹר.
וַאֲנִי כְּבָר עָיֵף, כָּל הַגּוּף שֶׁלִּי מָקוֹם
וַהֲלֹא שְׁנֵינוּ כָּאן הַלַּיְלָה, שְׁנֵינוּ לְבַד.

My body is a place

Aren't we both alone here tonight, I say to Sarit & lean to turn off
 the light.
But she insists: you promised to tell where to find you once I decide
 to leave.
I point to the bookshelf, & she's not satisfied.
Over here, I point at the gap
between violin notes of Sibelius,
at the silence of bathwater
deep
in the belly button, but she's not satisfied.
Asks me not to turn off the light.
& I'm already tired, my whole body is a place
& aren't we both here tonight, both alone.

הוי יקיר

בָּאוֹר הַמְעֻלָּף שֶׁל הַלַּיְלָה
כְּשֶׁהַגּוּף
נָמוֹג אֶל תּוֹךְ הַבָּשָׂר
נִפְרָצוֹת מִתּוֹכֵנוּ אוֹתִיּוֹת
וּרְוָחִים נִקְלָעִים אֶל תּוֹךְ הַשִּׁיר.

בִּזְהִירוּת, עַל קְצוֹת הָאֶצְבָּעוֹת
מִתְהַלֵּךְ הַשֶּׁקֶט בֵּינֵינוּ
לְבֵין עַצְמֵנוּ.

Oh Yakir

In the passed-out light of night
when body
melts into flesh
letters break out of us
& gaps are fired into the poem.

Carefully, on tiptoe
silence moves about between us
& ourselves.

אחרי שהתייתמתי מעצמי, נעשיתי רעב

הִתְחַלְתִּי לִשְׁמֹעַ מוּסִיקָה עֲרָבִית, שְׁנוֹת הַחֲמִשִּׁים
עִירָאק, מַה צָּרִיךְ יוֹתֵר?
רָקַדְתִּי בַּחֶדֶר, קִפַּלְתִּי אֶת הַבְּהוֹנוֹת
וְעָשִׂיתִי 'שִׁיק' בְּכָל פַּעַם שֶׁהוֹפִיעַ הַתֹּף.
בַּשִּׁיר הַשְּׁמִינִי הִתְקַשְּׁרוּ מֵהַדֹּאַר לְבָרֵר הֵיכָן אֲנִי גָּר.
בַּשִּׁיר הָעֲשִׂירִי לֹא הָיוּ יוֹתֵר טֶלֶפוֹנִים, הִמְשַׁכְתִּי לִצְחֹק.
הַמּוּסִיקָה פָּסְקָה וְהָאֲוִיר עָמַד דָּחוּס בְּתוֹךְ הַחֶדֶר.
נִסִּיתִי לְהַפְשִׁיט אֶת עַצְמִי, לְהַגִּיעַ עִם כַּפּוֹת הַיָּדַיִם לָרִצְפָּה,
עָשִׂיתִי כָּל מַה שֶּׁיָּכֹלְתִּי כְּדֵי לִשְׁבֹּר דְּבָרִים
וְלַהֲפֹךְ אוֹתָם לְמַשֶּׁהוּ אַחֵר.
כְּשֶׁאַתָּה לְבַד, אֲפִלּוּ כּוֹס מַיִם הוֹפֶכֶת לְעוּגִיַּת מַזָּל.

18 Yakir Ben-Moshe

After I was orphaned from myself, I got hungry

I began to listen to Arab music, fifties era
Iraq, what else do you need?
I danced in the room, I folded my toes
& let out a "shik" whenever the drum came in.
By the eighth song the post office called to verify where I live.
By the tenth song there were no more calls, I kept laughing.
The music ceased & the air hung compressed in the room.
I tried to undress myself, to touch my toes,
I did everything I could to break things
& change them into something else.
When you're alone, even a glass of water turns into a fortune cookie.

אגוצ'רטו לכינור ולתזמורת

שֶׁבַע שָׁנִים מֵאָז שָׁמַעְתִּי לָרִאשׁוֹנָה
אֶת הַ"טוּרְקִי" שֶׁל מוֹצַרְט.
אָמַרְתִּי אָז לִימִימָה: תִּרְאִי מַה זֶּה
שִׁיר חֵשֶׁק בְּסִגְנוֹן מַעֲרָבִי!
כַּעֲבֹר חֲצִי שָׁנָה הִיא זָרְקָה אוֹתִי מֵהַבַּיִת.
אוּלַי נִמְאַס לָהּ מִתְּנוּעוֹת הָאַגָּן הַמְּהִירוֹת
וְאוּלַי מִכָּךְ שֶׁלֹּא הִפְסַקְתִּי לְהַשְׁוִיץ בָּאֶצְבָּעוֹת
שֶׁרָעֲדוּ בָּאֲוִיר, בְּקַו מְאֻזָּן עִם הַכָּתֵף.
שֶׁבַע שָׁנִים אֲנִי מְזַיֵּף.
שֶׁבַע שָׁנִים אֲנִי מְנַגֵּן.
תָּמִיד הָאֲוִיר גָּבוֹהַּ מִדַּי, אוֹ חַלָּשׁ מִמֶּנִּי.
אֶתְמוֹל הִצְלַחְתִּי לִקְפֹּץ מֵהָאֶגוֹ,
הַיּוֹם אֲנִי מְנַסֶּה לִשְׂרֹק בָּאֲלַכְסוֹן.

Egocerto for violin and orchestra

Seven years since I first heard
Mozart's "Turkish March."
I told Yamimah then: now here you have
a song of desire in the Western style!
Half a year later she threw me out of the house.
Maybe she was sick of the rapid pelvis movements
& maybe of how I never stopped showing off with fingers
that trembled in the air, in an even line with my shoulder.
Seven years I sing off key.
Seven years I perform.
The air is always too high, or weaker than me.
Yesterday I managed to leap from my ego,
today I'm trying to whistle at an angle.

גם חלומות מטגנים במזרח

קָשֶׁה לְהַבִּיט עַל הָעוֹלָם מִבַּעַד לְזוּג לַפִּידִים.
רַק בְּמַזָּל מָצָאתִי אֶת עַצְמִי נִשְׁמָט לְתוֹךְ שִׂיחָה עִם מָרִינָה,
פִּתְאוֹם הִיא לֹא זָכְרָה אֶת שֵׁם הַמִּשְׁפָּחָה שֶׁלִּי.
"בֶּן-מֹשֶׁה", אָמַרְתִּי בִּמְהִירוּת
בְּטֶרֶם יִתְנַפְּלוּ עָלַי הָעִירָאקִים שֶׁל מִשְׁפַּחְתִּי.
גַּם כָּכָה הֵם רוֹדְפִים אַחֲרַי
שֶׁאָבוֹא לִלְוָיוֹת, חֲתֻנּוֹת וּלְחִיצוֹת יָדַיִם.
וְהַסַּמְבּוּסַק מֵעִיק, בְּחַיַּי שֶׁהוּא מֵעִיק,
אֲבָל גַּם בָּאָךְ נִמְאַס אַחֲרֵי שְׁלוֹשִׁים שָׁנָה.
הָעֵינַיִם שֶׁלְּךָ בּוֹעֲרוֹת, אוֹמְרִים לִי
וְלֹא יוֹדְעִים שֶׁזֶּהוּ אָדָם הֶחָזֶה שֶׁמְּנַקֵּר אֶת הָעַיִן.
אֲפִלּוּ צִפּוֹרִים לוֹכְדִים בַּמִּזְרָח
אֲנִי מְנַחֵם אֶת עַצְמִי, וְיוֹדֵעַ
שֶׁכָּל מִלָּה שֶׁאֹמַר תִּתְבַּשֵּׁל הֵיטֵב
בְּטֶרֶם תִּתְעוֹפֵף לְזִכָּרוֹן שֶׁל שֵׁם מִשְׁפָּחָה אָרוּר
הַמּוֹלִיךְ אוֹתִי קָדִימָה לְאָחוֹר.

Dreams too are fried in the east

It's hard to look out at the world from between two torches.
Just by luck there I was, slipped into a conversation with Marina,
suddenly she didn't remember my last name.
"Ben-Moshe," I said quickly,
before my Iraqi family could come down on me.
They already hound me
to come to funerals, weddings & hand-shakings.
& the *sambusak* wears on me, I swear it does,
but Bach also cloys after thirty years.
Your eyes are burning, they tell me
& don't know it's my chest's redness eating at the eyes.
Even birds are trapped in the east
I comfort myself, & know
that every word I say will be well cooked
before it flies off to a memory of a damn last name
that ushers me forward to the back.

שלושה כיווני אוויר

אַחֲרֵי שֶׁנִּפְרַדְתִּי מֵאֱלִינוֹר וּמֵהָגָר
נִשְׁאַרְתִּי עִם מֵרַב, יוֹגִיסְטִית שֶׁלֹּא מַפְסִיקָה לְהִתְפַּלֵּל לֵאלֹהִים
לִפְנֵי הַשֵּׁנָה. נִסִּיתִי לִקְרֹא לָהּ מֹתֶק, אֲבָל הִיא דָּחֲתָה אוֹתִי בְּבוּז.
בֵּינְתַיִם אֲנִי מְגָרֵד אֶת הַגּוּף
כְּמוֹ אָסִיר הַחוֹרֵץ קַוִּים עַל קִירוֹת כְּתָלָיו.
בְּדִיּוּק סִיַּמְתִּי לְהִתְרַכֵּז בְּעַצְמִי. חָפַרְתִּי שְׁלוֹשָׁה פִּרְצֵי אֲוִיר
בְּתוֹךְ הַגַּעְגּוּעַ. הַאִם שׁוּב עָלַי לַעֲבֹר דִּירָה?

24 *Yakir Ben-Moshe*

Three directions of air

After I broke up with Elinor and with Hagar
I stayed with Merav, a yogahead who never stops praying to god
before bed. I tried to call her sweetie, but she refused me with scorn.
Meanwhile I scratch my body
like a prisoner etching lines on his cell walls.
I just finished concentrating on myself. I dug three air holes
into longing. Do I need to move out again?

מדוע עלי להקשיב לבד לסונטת הפטישים של בטהובן

בְּיוֹם שֵׁנִי שֶׁל אֶמְצַע אוֹגוּסְט הָגָר הִתְקַשְּׁרָה, מְבַקֶּשֶׁת
עֶרֶב אֶחָד לְבַד "כִּי כְּבָר נִמְאַס לִי כָּל הַזְּמַן לִבְלֹעַ
פְּהוּקִים מוּל הַהַרְצָאוֹת שֶׁלְּךָ בַּלֵּילוֹת עַל אָמָּנוּת,
חִנּוּךְ וּמוֹצַרְט לְעֻמַּת מוֹנְטֶוֶרְדִי, וְדַי,
גַּם לִי מַגִּיעַ פַּעַם אַחַת
עֶרֶב
בְּפֶה פָּתוּחַ!"
לֹא הָיָה מַה לְּהוֹסִיף, אָמַרְנוּ לַיְלָה טוֹב וּפָנִיתִי אֶל הַסְּפָרִים.
קָרָאתִי שְׁלוֹשָׁה עַמּוּדִים בְּיְדִיעוֹן לַתַּלְמִיד הַנָּבוֹן
וְסוֹבַבְתִּי אֶת כַּפְתּוֹרֵי הַמִּכְנָסַיִם. הִצְלַחְתִּי לִבְלֹם אֶת הַגּוּף
וְהִתְקַשַּׁרְתִּי לְהָגָר. הִשְׁאַרְתִּי שַׁרְשֶׁרֶת שֶׁל הוֹדָעוֹת בַּמְּשִׁיבוֹן.
מִלְמַלְתִּי מַשֶּׁהוּ
עַל עֶרְכֵּי הַנִּימוּס בַּחֶבְרָה הַגְּבוֹהָה
שֶׁל הַמַּעֲמָד הַנָּמוּךְ בְּאַנְגְּלִיָּה שֶׁל תְּחִלַּת הַמֵּאָה הַקּוֹדֶמֶת
וְאֵיךְ זֶה מִסְתַּדֵּר, שָׁאַלְתִּי, אֵיךְ זֶה מִסְתַּדֵּר עִם הַמּוֹדֶרְנִיזְם וּבִכְלָל
עִם הַפּוֹרְנוֹגְרַפְיָה הַקּוֹלְנוֹעִית
שֶׁאֵינָהּ בּוֹחֶלֶת בְּשׁוּם דָּבָר מַמָּשִׁי?!
לִפְנוֹת בֹּקֶר נִרְגַּעְתִּי. הֵנַחְתִּי אֶת הַשְּׁפוֹפֶרֶת וְהֶחְזַרְתִּי אֶת הַסְּפָרִים
לַמַּדָּף.
שָׁמַעְתִּי בֶּטְהוֹבֶן, נִזְכַּרְתִּי לְהֵרָדֵם, חָלַמְתִּי שֶׁאֲנִי רוֹכֵב
עַל רְסִיס- פּוֹרְצֶלָן וּפוֹגֵשׁ עֲטַלֵּף-בָּלוֹן. בִּקַּשְׁתִּי שֶׁיִּקְשֹׁר לִי סִפּוּר.
הוּא שָׁתַק וַאֲנִי פָּעַרְתִּי אֶת הַפֶּה בִּזְהִירוּת, שֶׁלֹּא לִשְׁבֹּר אֶת סֶרְוִיס
הַנִּימוּס.
כְּשֶׁהִתְעוֹרַרְתִּי מָצָאתִי הוֹדָעָה בַּמְּשִׁיבוֹן. אָחִיהָ שֶׁל הָגָר
מְאַיֵּם לַחְנֹק אוֹתִי אִם אַמְשִׁיךְ לְהַטְרִיד אֶת אֲחוֹתוֹ.
בְּרוּכִים הַבָּאִים לְעוֹנַת הַמְּלַפְפוֹנִים.

Why do I have to listen to Beethoven's Hammerklavier Sonata alone

On a Monday in mid-August Hagar called, requesting
an evening by herself "because I'm sick of always swallowing
yawns during your nightly lectures on art,
education & Mozart vs. Monteverdi, enough,
for once I should also get
an evening
where I open my mouth!"
There was nothing to add, we said goodnight & I turned to the
  books.
I read three pages in the primer for the wise student
& I twisted the buttons of my pants. I managed to put the brakes on
  my body
& called Hagar. I left a series of messages on the machine.
I mumbled something
about the importance of manners in high society
of the lower class in England at the turn of the last century
& how does this work, I asked, how does this work with modernism
  & on the whole
with film pornography
which is not repulsed by anything real?!
Towards morning I calmed down. I set down the receiver & shelved
  the books.
I listened to Beethoven, I remembered to fall asleep, I dreamed I was
  riding
on porcelain shards & meeting a balloon-bat. I asked it to tie me a
  story.
It was silent & cautiously I opened my mouth wide, so as not to
  break the good China service.
When I woke, I found a message on the machine. Hagar's brother
threatening to strangle me if I keep harassing his sister.
Welcome to cucumber season.

כובד המשיכה

כְּמוֹ לוּלְיָן שֶׁאֵינוֹ חָדֵל לְחַפֵּשׂ אֶת הַטְרַפֵּז, גּוּפִי
נֶאֱחָז בָּאַהֲבָה.

Gravitation

Like an acrobat that never ceases to seek the trapeze, my body grasps at love.

האם רק הלַיל מסרב דרכו אל האור

אֶנָּשֵׂא אֶל עַצְלוּתִי.
גּוּפָהּ רָפוּי, אִישׁוֹנֶיהָ כֵּהִים, אֵיבָרַי נִמְתָּחִים מֵיתָרִים –
לֹא, אֵינֶנִּי מֵרִים אֶת שְׂמִיכַת הַכְּלוּלוֹת.
בְּאִטִּיּוּת,
שֶׁאֵין זְהִירָה מִמֶּנָּה,
אֲנִי עוֹרֵם אֶת תַּלְתַּלַּי לְמֶרְכַּז הָעֲרוּגָה
וּבְמֶצַח חָשׂוּף גּוֹזֵם אֶת מִלּוֹתַי
לְתוֹךְ לַחַן עֲמָמִי שֶׁפִּזְמוֹנוֹ מִסְתַּיֵּם בַּמִּשְׁפָּט:
"לֹא-אֲנִי-הוּא-שֶׁפּוֹקֵק-אֶת-טַבּוּרְךָ--
לֹא-אֲנִי-הוּא-שֶׁפּוֹקֵק--"
אַחַת-אַחַת יֵשׁ לִגְזֹם
אֶת שַׂעֲרוֹת חֲצַר הַשֶּׁחִי בְּתִגְלַחַת שֶׁל הַבֹּקֶר.
אֲנִי וְעַצְלוּתִי מְהַלְּכִים בֵּין חַמָּנִיּוֹת מֻטּוֹת כְּלַפֵּי הַלֵּב.
פַּרְגּוֹל הַלַּיִל שׁוֹעֵט בַּשָּׂדֶה.

30 Yakir Ben-Moshe

Does only nighttime refuse to go to the light

I'll marry my laziness.
Its body slack, pupils dark, my limbs tightened strings—
no, I do not lift the bridal sheet,
with a slowness,
that could not be more cautious,
I pile my curls at the center of the flowerbed
and with bare forehead prune my words
into a folk tune whose chorus ends with the sentence:
"I'm-not-the-one-who-stops-up-your-bellybutton—
no-I'm-not-the-one-who-stops-up—"
one needs to prune each hair
in the armpit's yard while shaving.
My laziness and I stroll between sunflowers that lean toward the heart.
Night's whip gallops through the field.

את סתווית פגשתי בראשית האביב

כָּל כַּמָּה חֳדָשִׁים אֲנִי מִתְאַהֵב
כְּמוֹ יֶלֶד מוּל חַלּוֹן רַאֲוָה
עוֹמֵד, חֲסַר פְּרוּטָה
וּמְבַקֵּשׁ לְשַׂחֵק עִם הַצַּעֲצוּעִים
בְּטֶרֶם יְגָרְשׁוּנִי מִפֶּתַח הַחֲנוּת.

I met Stavit at the beginning of spring

Every few months I fall in love
like a boy by a display window
standing without a penny
hoping to play with the toys
before they chase me from the doorway.

רעד קפה ביד

מָזוּרְקָה שֶׁל שׁוֹפֶּן זוֹחֶלֶת לְתוֹךְ הַשַּׁבָּת
כְּשֶׁאֲנִי עִם עַצְמִי בַּחֶדֶר. רוּבִּינְשְׁטֵין בְּתוֹךְ הָרֶשֶׁת
מְנַגֵּן מֵהַמַּחְשֵׁב יְצִירָה שֶׁהֻקְלְטָה בִּשְׁנוֹת הַשְּׁלוֹשִׁים
שֶׁל הַמֵּאָה הַקּוֹדֶמֶת, מֵאָה שָׁנָה לְאַחַר שֶׁהֻלְחֲנָה
בְּיָדָיו שֶׁל צָעִיר מְאֹהָב בְּעוֹד שֶׁאֲנִי, סְתָם אֲנִי,
מְנַסֶּה לִכְתֹּב שִׁיר עַל מַשֶּׁהוּ שֶׁכִּמְעַט נוֹגֵעַ.
בְּקֹשִׁי מִתְנַשֵּׁם עִם עַצְמִי, בְּקֹשִׁי מַצְלִיחַ
לְהוֹשִׁיב אֶת מַבָּטִי עַל הַסַּפָּה עִם רַעַד קָפֶה בַּיָּד.
מָזוּרְקָה נִגֶּרֶת לְתוֹךְ הַשַּׁבָּת כְּמוֹ סְפִינַת פְּאֵר
לְתוֹךְ חַיַּי. מַלָּחִים מִתְרוֹצְצִים בֵּין קְלִידֵי הַפְּסַנְתֵּר
וְרַק בְּקֹשִׁי נִתָּן לִרְאוֹת אֶת הַקַּפִּיטָן, כּוֹבָעוֹ שָׁמוּט בְּתַדְהֵמָה
כְּשֶׁהוּא מַבְחִין בְּנִיצוֹץ שֶׁל גַּל מְפֹהָק בָּאֹפֶק.
הוֹ קַפִּיטָן, כַּמָּה חַיִּים עָלֵינוּ לִצְלֹחַ
בְּטֶרֶם נָשִׁיב סְפִינָתֵנוּ אֶל הַחוֹף, בְּטֶרֶם נֹאמַר לְיוֹם הַשַּׁבָּת
אֱחֹז אֶת הַמָּזוּרְקָה בְּכַף יָדְךָ הַשְּׁמְנוּנִית וְהַבֵּט בָּנוּ
כִּי רְאוּיִים חַיֵּינוּ לְחֶמְלָה. וְלוּ בַּעֲבוּר הַפְלָגָה אַחַת.

34 *Yakir Ben-Moshe*

Coffee trembling in hand

Chopin's Mazurka crawls into Saturday
when I'm with myself in the room. Rubenstein on the internet
plays from the computer a work recorded in the thirties
of the previous century, a hundred years after it was composed
by a young man in love while I, only I,
try to write a poem about something almost touching.
Barely panting with myself, barely managing
to settle my gaze on the sofa, coffee trembling in hand.
A mazurka flows into Saturday like a luxury liner
into my life. Sailors bustle between piano keys
& the captain can barely be seen, his hat askew in shock
as he discerns the flash of a wave yawning on the horizon.
O captain, how much life must we cross
before we bring our ship back to shore, before we say to Saturday
take the mazurka with your chubby hand & look upon us
because our lives call for mercy. If only for one single voyage.

השפה שבה תמיד לתנועתה

גַּם אֲנִי אוֹהֵב לַחֲלֹם, אֲנִי חוֹשֵׁב בְּהִסּוּס.
הַשָּׂפָה שָׁבָה לִתְנוּעָתָהּ,
צִפּוֹר נוֹסֶקֶת
מוּל שָׁמַיִם מְכֻכָּבִים:
הַגּוּף מְגַמְגֵּם רַק כְּשֶׁהוּא לְבַד.
מִישֶׁהוּ בּוֹרֵר
אֶת דְּמוּתוֹ הַשְּׁגוּיָה מִתּוֹךְ הַשֶּׁקֶט.
אַךְ גַּם כְּשֶׁהוּא לְבַד,
וְנִדְמֶה לוֹ שֶׁהוּא לְבַד:
מִתְנַשֶּׁפֶת לִקְרָאתוֹ מַחְשָׁבָה עֵירֻמָּה
כְּמוֹ כֶּלֶב אָבוּד
הַשָּׁב
כָּל הַדֶּרֶךְ עַד אֲדוֹנָיו.

Language always returns to its motion

I too like to dream, I think hesitantly.
Language returns to its motion,
a bird rises
against a starry sky:
the body stammers only when it's alone.
Someone selects
his mistaken image out of the silence.
But even when he's alone
and it seems to him that he's alone,
a naked thought pants toward him
like a lost dog
coming all the way
back to its owner.

בין כל החפצים הנערמים כמכשול

שָׂרִית, הַאֹמַר שֶׁאֵינֶנִּי מִתְגַּלְגֵּל? בְּוַדַּאי שֶׁלֹּא! עַל הַמִּרְוָח הַדַּק שֶׁבֵּינֵךְ לְבֵינִי מִתְגַּלְגֵּל גּוּף עֵירֹם מִמַּאֲמָץ, הַבִּיטִי בּוֹ! הַבִּיטִי בַּחַמּוּקַיִם הַשּׁוֹקְדִים, הַמְפַרְפְּרִים, הַמְטַלְטְלִים אֶת אֵיבְרֵיהֶם בֵּין הַקִּירוֹת, בְּמִסְדְּרוֹן אָרֹךְ, הוֹלֵךְ וּמִתְרַחֵב, הַבִּיטִי בַּחַמּוּקַיִם הַחוֹמְקִים מִכָּל מַבָּט, חֵפֶץ, עַיִן תּוֹבְעָנִית, אֵינֶנִּי מִתְגַּלְגֵּל? אֲנִי הוּא הַמִּתְגַּלְגֵּל! מִן הַצַּד אֶל הַצַּד, מִן הַפְּנִים אֶל פְּנִימוֹ שֶׁל הַפְּנִים, מִן הַגּוּף אֶל הַגּוּף אֲנִי בָּא אֵלַיִךְ כְּעָסִיס הַנִּתָּז מִן הַפְּרִי הַמֻּתָּר, הָאָסוּר, הַשָּׁמוּר, מִתְגַּלְגֵּל מִמֶּנִּי אֵלַיִךְ, מִן הַחוּץ אֶל הַפְּנִים, בְּהֶגֶּף מוּסִיקָלִי רַב-פַּעֲמִי, כַּחֲבָטַת מֵיתָר עַל מֵיתָרִים דְּרוּכִים, צְלִיל פָּקוּעַ לִרְוָחָה, הַבִּיטִי בִּי! כִּזְמַן הַקּוֹפֵץ עַל הַגּוּף, כְּמָקוֹם הַגּוֹהֵר עַל שַׁלְוָתוֹ, אֲנִי בָּא אֵלַיִךְ בִּזְרִיזוּת לָשׁוֹן בְּאֶצְבָּעוֹת פְּרוּשׂוֹת לַצְּדָדִים כְּמוֹ יְדֵי-הָרוּחַ, כְּמוֹ עַנְפֵי הַדֶּקֶל הַמִּשְׁתַּאֲגִים בַּלַּיְלָה, בִּסְעָרָה, בִּגְרִיפַת הַשֶּׁמֶשׁ אֶת הַיָּרֵחַ לִמְצוּלוֹת הַיָּם. הֲלֹא אֲנִי בָּא אֵלַיִךְ כְּבוֹא הַזֶּמֶר אֶל הַגָּרוֹן, אֶל הַפֶּה הַשּׁוֹאֵל עַצְמוֹ שׁוּב וְשׁוּב מִיהוּ-זֶה הַבּוֹקֵעַ מִמֶּנִּי, שָׁר לַחַן יְפֵהפֶה, מָתוֹק עַד בֶּכִי. הוֹ שָׂרִית הֲלֹא אָנוּ סוֹבְבִים בְּמַעְגָּלִים, בִּשְׁתִיקָה מְבַקַּעַת לִשְׁנַיִם: כְּמַקְהֵלָה גְּדוֹלָה אָנוּ עוֹמְדִים זֶה לְיַד זוֹ, יָדַיִם לְפוּתוֹת, עוֹמְדִים וְתוֹהִים הַאִם קוֹלֵנוּ פּוֹצֵחַ בְּשִׁירָה? אֲנִי שָׁר אֶת קוֹלֵךְ אַתְּ מְדַבֶּרֶת אֶת קוֹלִי, אֲנִי מְפַתֶּה אוֹתָךְ בְּקוֹלֵךְ אַתְּ מְפַתָּה אוֹתִי בְּקוֹלִי, אֲנִי פִּתְרוֹן חִידוֹת וְאַתְּ נְעוּלַת חִידָה, וְעוֹד חִידָה, וְהַמַּפְתֵּחַ לֹא חָשׁוּב, לֹא חָשׁוּב, הוֹי אֲהוּבָתִי אֲנִי בַּדְּרָכִים, מִתְגַּלְגֵּל אֵלַיִךְ בֵּין כָּל הַחֲפָצִים הַנֶּעֱרָמִים כְּמִכְשׁוֹל, וְאִלּוּ אַתְּ, כַּמָּה מָקוֹם יֵשׁ לְאָדָם אֶחָד! גְּבֶרֶת עוֹמֶדֶת בְּמַעְגָּל סָגוּר מוּל הַמַּרְאָה הַמְסִיטָה אֶת פָּנֶיהָ מִפָּנֶיהָ; שָׂרִית, הֲלֹא תַּקְשִׁיבִי לְקוֹלֵךְ הַנִּשָּׂא אֵלַיִךְ, בַּדּוּמִיָּה הַמּוֹלִיכָה אֶת הַמִּלִּים עָמֹק לְתוֹךְ עַצְמָהּ?

Between all the stuff piling into a barrier

Sarit, shall I say I do not roll? Certainly not! In the scant space between you & me rolls a body naked from effort, behold it! Behold the yearning curves, quivering, carrying their limbs between the walls, down a long hall which widens, behold the curves avoiding every gaze, desire, demanding eye, do I not roll? I am the roller! From side to side, from the inside to the inner inside, from the body to the body I come to you like juice sprayed from the fruit, which is allowed, forbidden, preserved, rolling from me to you, from outside to in, with a repeated musical stroke, like the strike of a string on taut strings, a note split wide open, behold me! Like time that leaps from the body, like a place bending over its calm, I come to you with agile tongue with fingers spread to the sides like the wind's hands, like palm branches going wild at night, in a storm, in the sun raking the moon into the deep sea, do I not come to you like a song to the throat, to the mouth asking itself again & again who is this bursting from me, singing a lovely melody, so sweet you could cry, O Sarit do we not revolve in circles. In silence split in two: like a great choir we stand one beside the other, hands held tight, standing & wondering do our voices break into song? I sing your voice you speak my voice, I seduce you with your voice you seduce me with my voice, I am solved riddles & you are a locked room, & another room, & the key—never mind, never mind, O my love I am on the roads, rolling to you between all the stuff piling into a barrier, while you, how much space does one person have! Lady standing in a closed circle before a mirror deflecting her face from her face; Sarit, will you not listen to your voice raised up toward you, in the hush that leads words deep into itself?

נראה מצוין. מכוון את הירח אל המבט

עֶרֶב שַׁבָּת יוֹרֵד אֶל הַבַּיִת, ג'וֹן לֶנוֹן יוֹרֵד אֶל הַבַּיִת
קֻפְסַת גְּבִינָה יוֹרֶדֶת, מְכוֹנִית, חַלּוֹן
אָבִיב יוֹרֵד אֶל הַבַּיִת, בַּיִת יוֹרֵד אֶל הַבַּיִת
יֵשׁ לִי הַכֹּל. הַחֶדֶר הוֹלֵךְ וְנִסְגָּר לִקְרָאתִי.

Yakir Ben-Moshe

Looking good. Aim the moon at the gaze

Friday night comes down to the house, John Lennon comes down to
    the house,
container of cheese comes down, car, window
spring comes down to the house, house comes down to the house
I have it all. The room is closing toward me.

בזווית העין

אַחֲרֵי שֶׁסְּתָוִית עוֹזֶבֶת אֲנִי נִשְׁאָר עִם הַסְּרָטִים
שֶׁלֹּא הִסְפַּקְנוּ לִרְאוֹת.
כְּבָר צָפִיתִי בְּהִיצְ'קוֹק, טְרִיפוֹ, מְצַיֵּר אֶחָד שֶׁל דִּיסְנִי
וְסִרְטוֹן שֶׁל הַבִּי-בִּי-סִי עַל דְּגֵי הָאוֹקְיָנוּס.
גַּם אֲנִי אוֹקְיָנוּס, מִתְחַשֵּׁק לִי לוֹמַר לָהּ
אֲבָל סְתָוִית כְּבָר מִזְּמַן יָצְאָה מֵהַבַּיִת.
בְּזָוִית הָעַיִן הִסְתַּכַּלְתִּי עַל עַצְמִי.
וְדַוְקָא אָז הַתַּרְגּוּם הִשְׁתַּבֵּשׁ.

Corner of my eye

After Stavit leaves I remain with the films
we didn't get to see.
I've already watched Hitchcock, Truffeau, a Disney animated
& a BBC short on ocean fish.
I'm also an ocean, I feel like telling her
but Stavit left the house a while ago.
From the corner of my eye I looked at myself.
& of course that's when the subtitles messed up.

פילם נואר

מַה לְּכָל הָרוּחוֹת אֹמַר לְאַחַר שֶׁיָּצָאתִי מֵהַבַּיִת שֶׁל הָגָר.
הָיִינוּ בְּסֶרֶט שֶׁל נִיל ג'וֹרְדָן
וְהִתְעַקַּשְׁתִּי לְהַחְזִיק אֶת הַפּוֹפְּקוֹרְן.
אַחַר כָּךְ נִפְרַדְנוּ.
אָמַרְתִּי, תָּמִיד אַתְּ נוֹפֶלֶת כָּכָה
וְהִיא שָׁאֲלָה, אֵיךְ כָּכָה
גִּחַכְתִּי, כָּכָה קוֹרֶסֶת לְתוֹךְ עַצְמֵךְ
תָּלוּי עִם מִי – וְסָגְרָה אֶת הַדֶּלֶת.
הָרְחוֹב הָיָה שָׁקֵט. כֶּלֶב הִשְׁתִּין עַל שַׁרְשֶׁרֶת הָאוֹפַנּוֹעַ
וְסִלַּקְתִּי אֶת הָרֵיחַ עִם הַיָּד בָּאֲוִיר.
הִגַּעְתִּי הַבַּיְתָה, אָסַפְתִּי אֵלַי אֶת זֶלְדָּה,
שָׁמַעְנוּ לֵאוֹנַרְד כֹּהֵן 'אֶחָד מֵאִתָּנוּ אֵינֶנּוּ טוֹעֶה',
מָזַגְתִּי מַרְטִינִי וְנִסִּיתִי לְהֵרָדֵם. חֲבָל שֶׁאֵין יָרֵחַ
שֶׁמַּבִּיט בִּי בָּעֵינַיִם. גַּם כָּכָה הָרְחוֹב שָׁקֵט מִדַּי.

Film Noir

What in the world should I say after I left Hagar's house.
We were at the Neal Jordan film
& I insisted on holding the popcorn.
Afterward we split up.
I said, you always fall that way
& she asked, which way
I giggled, the way you crumple into yourself
depends with who—& she shut the door.
The street was quiet. A dog pissed on my motorbike chain
& I waved away the smell with my hand.
I got home, I gathered up my cat Zelda,
we listened to Leonard Cohen "One of Us Cannot Be Wrong,"
I poured a martini & tried to fall asleep. Too bad no moon
looking me in the eyes. Even that way the street's too quiet.

זה לא שריח החלום טועה

בַּלַּיְלָה הֵרַחְתִּי מַשֶּׁהוּ עַתִּיק. הִתְהַפַּכְתִּי
מֵהַחֲלוֹם, וְהִשְׁאַרְתִּי הוֹדָעָה בַּמְּשִׁיבוֹן שֶׁל הָגָר:
"אֲנִי מַרְגִּישׁ אוֹתָךְ
כְּמוֹ שׁוּרָה מִשִּׁיר הַשִּׁירִים"

It's not that the dream's smell is wrong

In the night I smelled something ancient. I turned over
from the dream & left Hagar a voicemail:
"I feel you
like a verse from Song of Songs."

זוהי השירה שהופכת אותך למטומטם

כְּשֶׁשָּׁרוֹן אָמְרָה שֶׁאֲנִי דּוֹמֶה לַשּׁוֹטֶה שֶׁל לִיר, שָׁתַקְתִּי.
אַחַר כָּךְ הִתְעַקַּשְׁתִּי לְהָבִין הַאִם אֲנִי שַׁיָּךְ לְמִשְׁפַּחַת הַקּוֹפִים
אוֹ לְמִשְׁפַּחַת הַמְשׁוֹרְרִים. "אַתָּה מְלַפְפוֹן בָּרוּחַ" הִתִּיזָה,
וְהִתְגַּלְגְּלָה מִצְּחוֹק עַל הַכֻּרְסָה.
הִרְגַּשְׁתִּי רָעֵב, אֲבָל לֹא הֵעַזְתִּי לָקוּם מֵהַסַּפָּה.
"אַתָּה יוֹדֵעַ", אָמְרָה פִּתְאוֹם, "אֲנִי שׂוֹנֵאת מְשׁוֹרְרִים
שֶׁלֹּא מִתְבַּיְּשִׁים. שַׁבְּתַאי מֵעוֹלָם לֹא נִסָּה לְהִתְלַבֵּשׁ יָפֶה.
תָּמִיד הוֹלֵךְ יָחֵף, בְּלִי בְּגָדִים, בְּלִי אַשְׁרַאי,
וְגַם אַתָּה אַף פַּעַם לֹא נִכְנַסְתָּ לְאוּלַם תְּצוּגָה."
נִסִּיתִי לְהָבִין עַל מָה הִיא מְדַבֶּרֶת, דִּמְיַנְתִּי אוֹתָהּ לַמֶּלֶךְ לִיר
וְלֹא סִיַּמְתִּי. "אַתָּה יָכוֹל לְהַתְחִיל לִנְשֹׁם", הִיא צָחֲקָה מֵהַמִּטְבָּח
"אַל תִּדְאַג, זוֹהִי רַק הַשִּׁירָה שֶׁהוֹפֶכֶת אוֹתְךָ לִמְטֻמְטָם."
קַמְתִּי בְּבֶהָלָה. שׁוּב הוֹסִיפָה כַּפִּית עוּגָה אֶל הַפֶּה.

It's the poetry that makes you dumb

When Sharon said I'm like Lear's fool, I was silent.
Then I demanded to know if I belong to the family of monkeys
or of poets. "You're a cucumber in the wind," she hissed
and rolled in the armchair with laughter.
I felt hungry, but didn't dare get up from the couch.
"You know," she said suddenly, "I hate poets
that won't play the fool. Shabtai never tried to dress nicely.
He always goes barefoot, no clothes, no credit,
& you also never entered a gallery."
I tried to understand what she was saying, I imagined her as King
   Lear
& didn't finish. "You can breathe again," she laughed from the kitchen
"don't worry, it's only the poetry that makes you dumb."
I got up in a panic. She put another spoonful of cake in her mouth.

האוויר גבוה מדי, או חלש ממני

The air is too high, or weaker than me

אבל אני אף פעם לא מגרד

מוֹרָן שָׁאֲלָה אֵיךְ זֶה לִכְתֹּב שִׁירִים.
כְּמוֹ גֵּרוּד בָּרֶגֶל, אָמַרְתִּי.
מְשַׁפְשְׁפִים קְצָת בְּפִנַּת הַשֻּׁלְחָן
וְאַחַר כָּךְ שׁוֹכְחִים מִזֶּה. אֲבָל מוֹרָן רָצְתָה עוֹד,
לְמָשָׁל אֵיךְ מִסְתּוֹבֵב מְשׁוֹרֵר בְּנַעֲלֵי בַּיִת
בַּחֹרֶף, תָּקוּעַ בְּמַעֲלִית קְנֵה הַנְּשִׁימָה:
אֵיךְ יַשִּׂיג סֻלָּם כַּבָּאִים
עַכְשָׁו,
כְּשֶׁאֵין לוֹ רַגְלַיִם?

But I never scratch

Moran asked what it's like to write poems.
Like an itchy leg, I said.
You rub it a little on the edge of the table
& then forget about it. But Moran wanted more,
for instance how does a poet go around in slippers
in the winter, stuck in the windpipe's elevator:
how will he get hold of a firefighter's ladder
now,
that he has no legs?

NEXT EX.

אֶת הָאֶקְסִית הַבָּאָה פָּגַשְׁתִּי לְאַחַר שֶׁכְּבָר הִתְיָאַשְׁתִּי לְהַבִּיט
בַּשָּׁעוֹן.
בַּחֲדַר הַכֹּשֶׁר, הִיא רָכְבָה עַל אוֹפַנַּיִם וְנִסְּתָה לְשַׁכְנֵעַ אוֹתִי
לַעֲשׂוֹת אִתָּהּ יֶלֶד, כִּי בְּגִילָהּ
הָאִינְטֶרְקוֹם לֹא מַפְסִיק לְצַלְצֵל בְּתוֹךְ הַגּוּף.
בֵּינְתַיִם אֲנַחְנוּ שׁוֹכְבִים בְּאוֹתָהּ מִטָּה, סוֹבְבִים
דִּירַת נְוֵה-צֶדֶק קְטַנָּה עִם חָצֵר וּמִרְפֶּסֶת כְּבִיסָה,
אוֹכְלִים שְׁנִיצֶל קָפוּא
וּמְסַמְּנִים בְּעִפָּרוֹן מְחֻדָּד
עִגּוּלִים חוּשָׁנִיִּים בַּקָּטָלוֹג שֶׁל אִיקֶאָה.
אֲנִי אוֹהֵב אֶת אוֹרִית, אֶת הַגּוּף הַצָּרְפָתִי בֶּן הַשְּׁלוֹשִׁים וּשְׁמוֹנֶה
שֶׁלֹּא מַפְסִיק לִצְחֹק כְּשֶׁקּוֹרְאִים לוֹ סְפָרִים בְּעִבְרִית.
אֶתְמוֹל קָרָאנוּ בִּמְנוּחָה נְכוֹנָה אֶת עָמוֹס עוֹז.
שִׁלְשׁוֹם רָאִינוּ עֲרוּץ הַסְּפּוֹרְט.
שְׁנֵי אֲנָשִׁים רָכְבוּ בְּמַעֲלֵה הָעַקְרַבִּים שֶׁבַּנֶּגֶב.
אֶחָד מֵהֶם חָבַשׁ כּוֹבַע צָהֹב, הַשֵּׁנִי
הֶחְזִיק פַּעֲמוֹן בַּיָּד.
עַכְשָׁו! צָהֳלָה אוֹרִית, בּוֹא. שַׁעַר הַכְּנִיסָה מְצַלְצֵל.
הֵצַצְתִּי בִּגְנֵבָה בִּשְׁעוֹן הַקִּיר הַבּוֹעֵר. עֲדַיִן מְאֻחָר.

Next ex.

I met my next ex after I'd given up on watching the clock.
At the gym she rode a cycle & tried to convince me
to make a baby with her, because at her age
the body's intercom doesn't stop ringing.
In the meantime we lie in the same bed, move around
a small *Neve Tzedek* apartment with a yard & laundry room,
eat frozen schnitzel
& with a sharpened pencil mark
sensual circles in the Ikea catalogue.
I love Orit, her French body of 38 years
that doesn't stop laughing when you read it books in Hebrew.
Yesterday in a Perfect Peace we read Amos Oz.
The day before we watched the sports channel.
Two people rode the Scorpion Ascent in the Negev.
One of them wore a yellow hat, the other
held a bell.
Now! whooped Orit, come on. The entryway is ringing.
I stole a glance at a burning wall clock. It was still late.

שוב לבד, נאלץ לרדת מהלימוזינה של החיים

נִפְרַדְתִּי מִקָּרֶן בְּשִׂיחַת טֶלֶפוֹן קָרָה וְחוֹתֶכֶת.
"תִּשְׁמַע בֵּיְבּ, לֹא נִרְאֶה לִי שֶׁאֲנַחְנוּ בַּקֶּטַע שֶׁל לַאבֶרְס,
אַחְלָה אִתְּךָ בַּמִּטָּה, אֲבָל אַתָּה חַיָּב לְהִתְבַּגֵּר."
הִנְהַנְתִּי שֶׁהִיא צוֹדֶקֶת, וְנִתַּקְתִּי.
מַה לַּעֲשׂוֹת שֶׁאֲנִי תָּקוּעַ בְּגִיל הַצְּלִיבָה,
יוֹצֵא עִם צְעִירוֹת שֶׁטּוֹעֲנוֹת שֶׁאֲנִי כָּבֵד מִדַּי
וְעִם מְבֻגָּרוֹת שֶׁמְּקוֹנְנוֹת
אֵיפֹה הַגֶּבֶר שֶׁהִבְטִיחוּ הַהוֹרוֹסְקוֹפִּים.
בַּיָּמִים שֶׁנּוֹתְרוּ עָדִיף לִשְׁתֹּק.
גַּם קְלִינְט מַסְתִּיר חִיּוּךְ
כְּשֶׁנִּגְמָרִים לוֹ הַכַּדּוּרִים בְּקָנֵה הַנְּשִׁימָה.

Alone again, forced to get out of life's limousine

It ended with Keren on a cold & cutting phone call.
"Listen babe, I'm not feeling us as a lovers thing,
it's awesome in bed with you, but you need to grow up."
She was right I nodded & hung up.
What can I do if I'm caught at the age of crucifixion,
going out with young ones who complain I'm too heavy
& mature ones who lament
where is the man their horoscope promised.
For what days are left: better to shut up.
Even Clint hides a smile
when he runs out of bullets in his windpipe's barrel.

חי צומח

חָזַרְתִּי לְהָגָר.
שָׁלַחְתִּי אֶס-אֶם-אֶס שֶׁהַכֹּל בְּסֵדֶר, לֹא שָׁכַבְתִּי
עִם נָשִׁים אֲחֵרוֹת כִּי חָלַמְתִּי עָלַיִךְ, מוּטֶלֶת בְּשִׁזָּפוֹן
עַל מִכְסֵה סִירַת מָנוֹעַ מוּל אֹפֶק מְבֻשָּׂם, עַקְמוּמִי וְרֵיק.
הָגָר הִסְסָה, וְשָׁאֲלָה מָתַי אֲנִי מַגִּיעַ.
בָּאתִי וְשִׂחַקְנוּ 'אֶרֶץ-עִיר'.
אַחֲרֵי כָּל אוֹת הִפְשַׁטְתִּי
אֲבָל לֹא הִצְלַחְתִּי לִמְצֹא 'צוֹמֵחַ' בְּ-ל'.
"לֶפֶת", סִנְנָה הָגָר וְהִשְׂתָּרְעָה עַל הַמִּטָּה.
נִסִּיתִי שׁוּב, וְהַפַּעַם כְּבָר נִכְנַסְתִּי עָמֹק
לְתוֹךְ 'טֶלֶוִיזְיָה וּסְרָטִים'
בְּק'.
"קַפְקָא!" צָרַחְתִּי, וּפָלַטְתִּי.
"אַתָּה פָּשׁוּט לֹא יוֹדֵעַ לְנַצֵּחַ", אָמְרָה הָגָר
וְהֵחֵלָּה לִמְתֹּחַ אֶת הָרַגְלַיִם הָאֲרֻכּוֹת
לְתוֹךְ הַמִּכְנָסַיִם.
שָׁבוּעַ לְאַחַר מִכֵּן הֵעַזְנוּ לְהִתְנַשֵּׁק בְּלִי לָשׁוֹן.

Animal Vegetable

I went back to Hagar,
I texted her that it's all right, I didn't go to bed
with other women because I was dreaming of you, tanned, stretched
on top of a motorboat against a fragrant horizon, twisted & empty.
Hagar hesitated, asked when I'm coming over.
I came and we played "Country-Town."
After each letter I undressed,
but I couldn't find a vegetable for T.
"Turnip," Hagar muttered, & sprawled on the bed.
I tried again, & this time I went deep
into "Movies & TV"
with a K.
"Kafka" I yelled & spat up.
"You just don't know how to win," said Hagar
& started to pull her long legs
into her pants.
A week later we braved kissing with no tongue.

הגוף שלך עייף, אני שומע את עצמי

גַּם כְּשֶׁאֲנִי לְבַד מִתְנַהֵג הַגּוּף שֶׁלִּי כְּאִלּוּ הוּא מְשׂוֹחֵחַ.
אֲנִי מַבִּיט בַּפָּנִים הָרוֹכְנוֹת אֶל חָזֵהוּ
בְּכַפּוֹת הַיָּדַיִם נוֹשְׁרוֹת לִירֵכָיו,
וְאֵיכְשֶׁהוּ אֲנִי יוֹדֵעַ שֶׁהוּא מוּבָס.
הַגּוּף שֶׁלְּךָ עָיֵף, אֲנִי שׁוֹמֵעַ אֶת עַצְמִי
מְכַבֶּה אֶת הַמַּרְאָה, מְקַפֵּל אֶת תְּנוּעוֹתָיו.
אֲבָל אֵיךְ אֶפְשָׁר לְהֵרָדֵם בְּצָהֳלָה שֶׁכָּזֹאת.

Your body's tired, I hear myself

Even when I'm alone my body acts like it's conversing.
I look at the face bent over its chest,
at the hands falling to its thighs
& somehow I know it's defeated.
Your body is tired, I hear myself
switching off the mirror, folding up its movements.
But who can go to sleep amidst this revelry.

קבעתי עם הילי, וביטלתי כדי לכתוב

עָדִיף שִׁיר רַע מִדֵּיט טוֹב. רְבִיעִיַּת מוֹזַאִיק מְנַגֶּנֶת מוֹצַרְט
וַאֲנִי מְחַפֵּשׂ מִלִּים. כְּבָר כָּתַבְתִּי שֶׁבִּטַּלְתִּי עִם הִילִי,
וַאֲפִלּוּ אֶת מוֹצַרְט הַלְּבַד הַזֶּה סוֹבֵב.
בְּאִטִּיּוּת
הַלֵּב צָף בְּקֶצֶב הַגּוּף,
שָׁקֵט כְּמוֹ גָּלֶרְיָה רֵיקָה מִצִּיּוּרִים. בַּעַל הַמָּקוֹם
הִסְתַּלֵּק עִם הָאוֹצֶרֶת, וּבְכָל הַקָּטָלוֹגִים מוֹפִיעָה
שְׁגִיאָה בַּהַדְפָּסָה. נוֹלַדְתִּי וְחָלִיתִי בְּתַאֲרִיךְ בִּלְתִּי מְעֻגָּל,
יֵשׁ לִי חֻלְצָה צְהֻבָּה עִם פַּסִּים שְׁחֹרִים
וּבַמַּאֲפֵרָה הַסִּיגַרְיָה בּוֹעֶרֶת כְּבָר כַּמָּה דַּקּוֹת.
אֶפְשָׁר לִתְלוֹת תְּמוּנָה: כָּאן גָּר אָדָם בְּלִי מִלִּים.

I made a plan with Hili & canceled so I could write

Better a bad poem than a good date. The Moziak Quartet plays
   Mozart
& I look for words. I already wrote "I canceled with Hili"
& this aloneness even surrounds Mozart.
Gradually
my heart floats at my body's tempo,
quiet as a gallery emptied of paintings. The owner
has run off with the collector & in every catalogue a typo
appears. I was born & fell ill on an odd-numbered date,
& my cigarette in the ashtray's been burning a while now.
You can hang a picture: here lives a man with no words.

בהדרגה, כשם שמסירים חיתול

כְּשֶׁהַבְּדִידוּת בָּאָה אֶל מִטָּתִי הֶעֱמַדְתִּי פְּנֵי מֵת,
שֶׁלֹּא תָּעִיר אוֹתִי מִן הַחַיִּים. מַה כְּבָר יָכֹלְתִּי לַעֲשׂוֹת?
הֵרַחְתִּי אֶת הַצַּחֲנָה,
וְעִם כָּל לִטּוּף
שָׁמַעְתִּי אֶת גּוּפִי נִתָּק מִמֶּנִּי.
בְּהַדְרָגָה, כְּשֵׁם שֶׁמְּסִירִים חִתּוּל מִתִּינוֹק, נִרְעַדְתִּי:
רְצוּעוֹת בָּשָׂר צְרוּרוֹת בְּפִנַּת הַחֶדֶר, וְנִשְׁמָתִי עֵירֻמָּה.
דְּמוּת שֶׁל אֵם אוֹסֶפֶת חִתּוּלִים, שׁוֹרֶקֶת,
מַבִּיטָה אֶל הַמִּטָּה – מִישֶׁהוּ מְגַמְגֵּם בָּאֲוִיר?
מַה כְּבָר יָכֹלְתִּי לַעֲשׂוֹת.

64 *Yakir Ben-Moshe*

In stages, the way you take off a diaper

When loneliness came to my bed I played dead,
so it wouldn't wake me from living. What else could I do?
I smelled the stench
& with each caress
I heard my body separate from me.
In stages, the way you take off a baby's diaper, I shuddered:
strips of flesh bundled in the corner & my spirit naked.
Image of a mother picking up diapers, whistling,
staring at the bed—someone stammering in the air?
What else could I do.

נחשול מצולות

לֹא תָּמִיד חַיָּבִים לֶאֱהֹב אֶת שְׁנֵינוּ בְּיַחַד
אֶתְמוֹל לְמָשָׁל אָהַבְתִּי אוֹתָךְ לְבַד

Deep sea breaker

One doesn't always have to love the two of us together
yesterday for instance I loved you alone

האם אלוהים חולם להיות מישהו אחר?

מִכָּל הַבָּנוֹת שֶׁיָּצָאתִי אִתָּן, דַּוְקָא לִסְתָוִית אֲנִי חוֹזֵר לְהִתְגַּעְגֵּעַ
עַכְשָׁו, כְּשֶׁמֵּרַב מִתְנַשֶּׁקֶת עִם בָּחוּר יְרוּשַׁלְמִי אֵי-שָׁם
בְּאֵיזֶה בָּר מְהֻדָּק אֶל הַכֹּתֶל.
מָה עוֹשִׂים? מִישֶׁהוּ אַחֵר הָיָה מִתְפַּלֵּל לֵאלֹהִים
אֲבָל אֲנִי, שֶׁבְּקֹשִׁי מַחְזִיק מַעֲמָד בִּתְפִלַּת שְׁמוֹנֶה-עֶשְׂרֵה,
מַעֲדִיף לָצֵאת עִם בְּנוֹת עֶשְׂרִים
מִלַּעֲמֹד
חֲצִי שָׁעָה בַּתּוֹר לַכֹּתֶל וּלְהָצִיץ לְכִפּוֹת שֶׁל אֲחֵרִים.
הַאִם אֱלֹהִים חוֹלֵם לִהְיוֹת מִישֶׁהוּ אַחֵר?
אוּלַי לְמַשְׁרוֹקִית בַּת-קוֹל וּשְׁמָהּ יַקִּיר?
רַק כָּךְ הָיִיתִי מְנַשֵּׁק אֶת עַצְמִי בַּפֶּה – נֶאֱנַק אֱלֹהִים
וְנוֹשֵׁף בִּבְדִידוּת לְתוֹךְ כָּרִית-אֲוִיר
מֵעַל פִּסְגַּת הַר הַצּוֹפִים.

Does God dream of being someone else?

Of all the girls I've gone out with, somehow it's Stavit I'm missing
   again
now, while Merav makes out with a Jerusalem guy somewhere
in some bar attached to the *kotel*.
What do you do? Someone else would pray to God
but I, who can barely make it through the 18 benedictions
prefer to go out with twenty-year olds
than to stand
a half hour in line for the *kotel* & peek in other people's hands.
Does God dream of being someone else?
Maybe a still small whistle named Yakir?
Only thus I would kiss myself on the mouth—moaning *god*
and huffing solitary into an air-pillow
over the peak of Mt. Scopus.

השיער נסוג, הכרס נושמת בכוחות עצמה

עַד כַּמָּה אֲנִי מִתְגַּעְגֵּעַ לְעַצְמִי, שֶׁכָּכָה יִהְיֶה לִי טוֹב.
עַד כַּמָּה שֶׁזֶּה כּוֹאֵב, כָּכָה זֶה כּוֹאֵב.
הָעֵינַיִם הַמַּבִּיטוֹת בַּמַּרְאָה כְּבָר סֻלְּקוּ מִזְּמַן,
הַשֵּׂעָר נָסוֹג
וְהַכֶּרֶס נוֹשֶׁמֶת בְּכוֹחוֹת עַצְמָהּ.
כָּכָה זֶה, הַחַיִּים מַמְשִׁיכִים בִּלְעָדֶיךָ.

Hair receding, paunch breathes on its own

How much I miss myself, that's
so it will work out for me.
How much it hurts, that's how it hurts.
Eyes in the mirror were cleared out a while ago,
hair receding,
paunch breathes on its own. That's
how it goes, life carries on without you.

חליל הקסם

וְהִנֵּה כָּךְ, עַל הָאוֹפַנּוֹעַ
בְּאֶמְצַע הַשָּׁבוּעַ
בָּרַמְזוֹר שֶׁל הַנְּבִיאִים-אִבֶּן גַּבִּירוֹל,
יַהְלִי שָׁרָה מוֹצַרְט. פַּמִינָה. פָּשׁוּט וּמְדֻיָּק.
לוּ הָיוּ לִי אֶלֶף אָזְנַיִם, הָיִיתִי פּוֹעֵר אֶת כֻּלָּן.
אֲנִי מְנַשֵּׁק אֶת הַפֶּה הָאֱלֹהִי
וּמַבְטִיחַ שֶׁלְּעוֹלָם לֹא אֶעֱזֹב.
בְּבַת אַחַת קַר. סוֹף יוּלִי, שְׁמוֹנֶה בָּעֶרֶב
וְהָרָקִיעַ נִמְתָּח בַּחֲגוֹרַת אֵשׁ צְהַבְהַבָּה.

72 Yakir Ben-Moshe

Magic Flute

& just like that, on the motorbike
in the middle of the week
at cross streets of Ha'Nevi'im & Ibn Gabirol,
Yahali sings Mozart. Pamina. Plain & exact.
If I had a thousand ears, I would open every one wide.
I kiss that divine mouth
& promise I will never leave.
All at once a chill. End of July, eight in the evening
& the sky spread with a belt of fire, half-yellow.

יהלי ניסתה לשכנע אותי לא להתחתן אתה

"אֲנִי אוֹמֶרֶת לְךָ אֶת זֶה כִּידִידָה, אֲפִלּוּ כַּחֲבֵרָה,
מָה אַתָּה צָרִיךְ לִצְנֹחַ עָלַי עִם פִּיגָ'מָה!"
גִּמְגַּמְתִּי שֶׁאֲנִי אוֹהֵב לְהִתְחַתֵּן עִם נָשִׁים עַקְשָׁנִיּוֹת,
אֲבָל הִיא מִהֲרָה לְהוֹסִיף שֶׁ"בִּכְלָל, יֵשׁ לִי יַלְדָּה קְטַנָּה
אָז תִּמְצָא מִישֶׁהִי אַחֶרֶת, רֵיקָה, שֶׁתַּעֲשֶׂה לְךָ יְלָדִים
וְדַי, הַבָּטֶרִיָּה שֶׁל הַטֶּלֶפוֹן נוֹזֶלֶת לִי לְתוֹךְ
הָאֹזֶן. אֵין לָנוּ יוֹתֵר עַל מַה לְדַבֵּר."
בָּאתִי אֵלֶיהָ הַבַּיְתָה וְשִׂחַקְתִּי עִם הַיַּלְדָּה.
הִרְכַּבְנוּ פָּזֶל עִם צִיּוּר שֶׁל בַּיִת וְגִנָּה. הִסְבַּרְתִּי לָהּ
שֶׁהַשֶּׁמֶשׁ שְׁטוּחָה כְּמוֹ צַלַּחַת וְשֶׁאִמָּא שֶׁלָּהּ מְפַלֶּצֶת.
פִּתְאוֹם הִיא קָרְאָה "אַבָּא", וְחִבְּקָה אוֹתִי בַּצַּוָּאר.
רַצְתִּי עִם הַיַּלְדָּה בְּכָל הַבַּיִת, תְּלוּיָה כְּמוֹ פַּעֲמוֹן,
"אַתְּ רוֹאָה!" צָעַקְתִּי, "הַבָּטֶרִיָּה הִתְמַלְּאָה!"

Yahali tried to talk me out of marrying her

"As a friend I'm telling you, even as a girlfriend,
why do you need to parachute in on me with pajamas?"
I stammered that I like marrying stubborn women,
but she quickly added "Anyway, I have a little girl
so find someone else, a blank, who will have your babies
& that's that, my phone battery's draining
into my ear. We have nothing more to discuss."
I came over to her house & played with her girl.
We did a puzzle with a picture of a house & garden. I explained
that the sun is flat as a plate & that her mom is a monster.
Suddenly she called "daddy" & hugged my neck.
I ran around the house, the girl dangling like a bell,
"you see!" I yelled, "the battery's recharged!"

שלישייה לפסנתר אופוס 42
לעינת

לוּ חִזַּרְתִּי, לֹא הָיִית בָּאָה.
רַק שׁוֹמֵעַ אֶת הַנְּקִישָׁה בְּדַלְתוֹת רַקּוֹתַי
אֶת רֵיחַ הַגּוּף לוֹחֵשׁ בַּחֲדָרִים:
"כָּאן גָּר מִישֶׁהוּ פְּקוּחַ עַיִן
מוּעָם בַּצֵּל הַלּוֹפֵף אֶת מְקוֹמוֹ."
חָפְשִׁי מֵאַהֲבָה, מְפַרְפֵּר כְּמוֹ חֵץ,
אֲנִי נִשְׁאָג אֶל נֹגַהּ הַיָּרֵחַ
מֵעַל לְמַחְלְפוֹת הַזְּמַן וּלְצִלְלֵי הַמָּקוֹם בּוֹ אַתְּ נִמְצֵאת
בְּרֶגַע זֶה. לֹא, אֵינֶנִּי מְחַזֵּר אַחֲרַיִךְ.
הַכִּנּוֹר, הַצֶ'לוֹ, הַפְּסַנְתֵּר – חוֹלְפִים עַל פְּנֵי הַדַּף
וְנִסְחָפִים אֶל עֵין הַכֶּסֶף הַסְּגֻלָּה.
הוֹפֵךְ אוֹתָךְ אֲחוֹרָה כְּמוֹ דַּף שֶׁל סֵפֶר לֹא מוּבָן,
קוֹרֵא בָּךְ אוֹתִיּוֹת שֶׁהַזְּמַן חָלַף מֵהֶן לִפְנֵי שָׁנִים:
(רֵיחַ טַחַב, עָשׁ נִתָּז) עַכְשָׁו אַתְּ מְבִינָה.
לֹא אַחֲרַיִךְ אֲנִי מְחַזֵּר, אֶלָּא לְפָנַיִךְ.
תָּמִיד בְּצַעַד קַל
בֵּינֵינוּ חָלָל קָבוּעַ שֶׁל אַהֲבָה.

Trio for Piano Opus 42
for Einat

Were I to woo, you wouldn't come.
I only hear knocking on my temples' locked doors
body scent whispering in the rooms:
"Here someone lives open-eyed
  dimmed by the shadow that wraps around where he is."
Free from love, fluttering like an arrow,
I'm roared to the moon's glow
  above time's mane & the tones of the place where you are
at this moment. No, I do not chase after you.
The violin, the cello, the piano—pass across the page
& are swept into the silver-purple spring.
I turn you back like a page of a book not understood,
read letters in you that time moved on from years ago:
(sprayed smell of must, moth) now you understand.
It's not after you I chase, but before you.
Always with a light step
between us a fixed expanse of love.

ועכשיו, לך תשכנע את הביוגרפיה להפסיק לחלום

נִפְרַדְתִּי מְנֹּעָה אַחֲרֵי שֶׁנִּפְרַדְתִּי מִשָּׁרוֹן
וְהִכַּרְתִּי אֶת יְמִימָה שֶׁהִכִּירָה לִי אֶת אָרְנָה
אָז פָּגַשְׁתִּי אֶת אַקִיקוֹ שֶׁהִפְגִּישָׁה אוֹתִי עִם שָׂרִית
וְיָצָאתִי עִם סְתָוִית שֶׁהוֹצִיאָה אוֹתִי לְאוֹרִית
בֵּינְתַיִם
הִתְרַגַּשְׁתִּי מֵעֵינַת אַךְ כְּבָר הִרְגַּשְׁתִּי לְדָלִילָה
וְיָדַעְתִּי אֶת יִפְעַת שֶׁיִּדְעָה אוֹתִי לְמַעְיָן
אָז נִמְשַׁכְתִּי לְמֵרַב שֶׁמָּשְׁכָה אוֹתִי לֵאלֹהִים
וְהִתְפַּעַלְתִּי מֵהִילִי כְּשֶׁהֶפַּלְתִּי עַל נָעֳמִי
כָּךְ
הִצְטָרַפְתִּי לְמָרִינָה שֶׁצֵּרְפָה אוֹתִי לְמוֹרָן
וְשָׁכַבְתִּי עִם קֶרֶן שֶׁהִשְׁכִּיבָה אוֹתִי עַל תָּמָר
אָז גִּמְגַּמְתִּי לְיַהְלִי שֶׁגִּמְגְּמָה אוֹתִי לְהָגָר
וּמָצָאתִי אֶת אֱלִינוֹר שֶׁהִמְצִיאָה אֶת עַצְמָהּ.
הָאָדָם
אֵינוֹ אֶלָּא אַהֲבָה אַחַת בְּחַיָּיו.

78 *Yakir Ben-Moshe*

& now, go convince biography to stop dreaming

I broke up with Noa after I broke up with Sharon
& I dated Yamima who acquainted me with Orna
then I met up with Okiko who set me up with Sarit
& I went out with Stavit who sent me out to Orit
meanwhile
I was thrilled by Einat but had fallen for Dahlia
& I made love to Yifat who made me known to Ma'ayan
then I was drawn to Merav who drew me towards God
& I was amazed by Hili when I was a mess over Naomi
so
I hooked up with Marina who took me to Moran
& I slept with Keren who bedded me with Tamar
then I stuttered to Yahali who sputtered me to Hagar
& I went to Elinor who invented herself—
in his life a man
is only one love.

אל עין הכסף הסגולה

Toward the silver-purple spring

לולא התמימות הזאת
לאקיקו

אַתְּ בָּאָה אֵלַי כְּמוֹ סְתָו הַבָּא אֶל עֵץ בַּעֲדִינוּת,
מְסִירָה אֶת עָלַי.
לֹא שֶׁאֲנִי עֵירֹם. כָּאן שׁוֹקַעַת הַדְּמָמָה.
הַקְשִׁיבִי לְרִשְׁרוּשׁ הַכּוֹכָבִים בַּשָּׁמַיִם,
לְתִלְיוֹן הַיָּרֵחַ מַקִּישׁ עַל לִבֵּךְ –
אָנוּ מִתְהַפְּכִים אֶחָד
אַחֲרֵי הַשֵּׁנִי,
כְּעַרְסוּל עַלְוָה עִם רוּחַ.

If not for this innocence
    for Okiko

You come to me as autumn comes to a tree
delicately,
removing my leaves.
Not that that I'm naked. Here the silence sinks.
Listen to the stars rustle in the sky,
the moon's medallion knocking at your heart—
we turn over, one
after the other,
like leaf-cover rocking in wind.

אחרי כמה תנופות אגן, ויתרתי

אוֹדֶה וְאֶתְוַדֶּה,
לִטַּפְתִּי אֶת הַפִּטְמָה וְהִשְׁתַּעֲמַמְתִּי.
תָּשִׂימִי לֵב, הִתְכּוֹפַפְתִּי לִרְכֹּס אֶת שְׂרוֹכֵי הַנַּעֲלַיִם,
כְּבָר חֹרֶף וַאֲנַחְנוּ לֹא נִמְשָׁכִים מִינִית.
גַּם לִי קָשֶׁה, נֶאֱנָחָה, בְּכָל פַּעַם שֶׁאֲנִי מְדַבֶּרֶת עִם גֶּבֶר,
אֵין לוֹ. כָּךְ שֶׁכְּבָר הִתְרַגַּלְתִּי לִחְיוֹת בְּלִי זִקְפָּה.
בְּצָהֳלָה הַחוֹנֶקֶת פָּרַצְתִּי אֶת הַדֶּלֶת
יָחֵף הַבַּיְתָה,
גּוֹרֵר אֶת הָאָבִיב בֵּין הַיָּדַיִם.

After a few pelvic thrusts, I gave up

I hereby confess,
I stroked her nipple & was bored.
If you notice, I bent down to tie my shoes,
winter's here & as far as sex we're finished.
Sucks for me too, she sighed, every time I start up with a guy,
he's got nothing. I've gotten used to life with no hard-on.
With a choking cry of joy I burst
barefoot into the house,
 dragging spring with both hands.

שרית, חלמתי הלילה שאני רוכב על סדר יומך

בְּבַת-אַחַת נֶעֱצַרְתִּי.
שָׁקוּעַ תַּחַת מַיִם צְלוּלִים, חָזִי עוֹלֶה וְיוֹרֵד
עִם קוֹל פְּעִימוֹת לִבֵּךְ, עִם סֵדֶר יוֹמֵךְ.
חָפְשִׁי מִדְּאָגוֹת, חַף מִמֶּרְחַקִּים
מוּטָל חֲלוֹמִי אֶל זֹהַר חוּפֵךְ.

Sarit, tonight I dreamed I was riding your schedule

Suddenly I halted.
Submerged in clear water, my chest rising & falling
to the sound of your heartbeat, your schedule.
Free of worries, innocent of distances,
my dream cast onto your glowing shore.

אופק ועלטה

בָּאָקוֹרְד הַקָּשֶׁה בְּיוֹתֵר בַּסְּוִיטָה הַשִּׁשִּׁית לְצֶ'לוֹ בָּאךְ
הִתְקַשְּׁרָה הָגָר, מֵתָה מֵרָעָב, שֶׁאָבוֹא לְגֶפִילְטֶע אֵצֶל בַּתְיָה.
הוֹדַעְתִּי שֶׁיֵּשׁ לִי חֲבֵרָה חֲדָשָׁה, צִמְחוֹנִית, דַּוְקָא רְצִינִית,
הִכַּרְנוּ בְּכִכַּר בְּיָאלִיק וּמֵאָז הִיא טוֹעֶנֶת שֶׁהִיא בַּת עֶשְׂרִים וְאַרְבַּע.
הָגָר שָׁתְקָה וְשָׁאֲלָה מָה עִם הַגֶּפִילְטֶע.
הָיָה חַם, הָלַכְנוּ חֲצִי דִּיזֶנְגוֹף וְהַמַּזְגָּן בַּמִּסְעָדָה לֹא עָבַד.
הָגָר אָכְלָה קְנֵידְלָךְ, אֲנִי עִשַּׁנְתִּי. הֵעַרְתִּי שֶׁכְּדַאי לְהִזָּהֵר,
הַמָּרָק רוֹתֵחַ וְהַקְּנֵידְלְכִים צָפִים בַּאֲלַכְסוֹן.
וּבְכָל זֹאת, הַשָּׂפָה הַתַּחְתּוֹנָה נֶחְרְכָה.
נִשַּׁקְתִּי אוֹתָהּ בַּעֲדִינוּת וְאָמַרְתִּי שֶׁאֲנִי יוֹדֵעַ שֶׁהִיא צְעִירָה.
יָצָאנוּ מֵהַמִּסְעָדָה, פָּסַעְנוּ לְאֹרֶךְ שְׂפַת הַיָּם וְדָרַכְנוּ עַל הַחוֹל.
הָגָר הָיְתָה שְׂבֵעָה וְנֹגַהּ הַיָּרֵחַ עִוֵּת אֶת פָּנֶיהָ.
חֲבָל. אַחֶרֶת הָיְתָה שׁוֹמַעַת אֹפֶק וַעֲלָטָה נוֹשְׁרִים
זֶה אַחַר זֶה.

Horizon & gloom

At the harshest chord in Bach's 6th Suite for Cello
Hagar called, starving, I should come for gefilte fish at Batya's.
I informed her that I have a new girlfriend, vegetarian, in fact it's serious,
we met on Bialik Plaza & since then she claims she's 24 years old.
Hagar paused & asked what about the gefilte.
It was hot, we walked half the length of Dizengoff & the restaurant AC wasn't working.
Hagar ate kneidelach, I smoked. I told her to be careful,
the soup was boiling & the kneidelachs floating at an angle.
Still her lower lip was singed.
I kissed her delicately & said I knew she was young.
We left the restaurant, strolled along the shoreline & stepped on the sand.
Hagar was full & the moon's glow distorted her face.
Too bad. Otherwise she would have heard horizon & gloom dropping
leaf after leaf.

לדפדף את המציאות לאחור

סְתָוִית לֹא הִתְאַפְּקָה, וְהִתְקַשְּׁרָה עוֹד פַּעַם:
מֵאָז שֶׁנִּפְרַדְנוּ,
אֲנִי לֹא מַפְסִיקָה לִבְכּוֹת כְּשֶׁאֲנִי נוֹגַעַת.
לֹא עָנִיתִי. גַּם כְּשֶׁהִיא הִגִּיעָה עִם קֻפְסָה שֶׁל מִמְחָטוֹת
וְהִתְיַשְּׁבָה עַל הַמִּטָּה. נוּ, אַתָּה בָּא?
רַק אַחַר כָּךְ, כְּשֶׁנִּשְׁאַרְתִּי לְבַד, הֵעַזְתִּי לְהַבִּיט בַּחַלּוֹן.
הָרָקִיעַ הָיָה פָּעוּר כְּמוֹ אַלְבּוֹם תְּמוּנוֹת
תָּלוּי בְּמַהֲפָךְ. רִיס אֶחָד נָשַׁר מֵהַשָּׁמַיִם.

To page reality backwards

Stavit didn't hold back & called again:
"Since we broke up,
I can't stop crying when I touch."
I didn't answer. Nor when she arrived with a box of tissues
& sat on the bed. "So, you coming?"
Only after, when I was left alone, did I dare look out the window.
The horizon was spread open like a photo album
hung upside down. One eyelash dropped from the sky.

הגוף מתרוקן

נוֹתְרוּ עוֹד כַּמָּה פַּרְצוּפִים לְהָאִיר אֶת הַמַּרְאָה. וַעֲדַיִן, סוֹפָם
לְהִבָּלַע.
אֲנִי רוֹאֶה אוֹתָךְ מוּאֶרֶת בַּסּוֹד הַלּוֹפֵף אֶת מְקוֹמֵךְ
הַמַּבָּט חוֹפֵן אוֹתָךְ בַּעֲדִינוּת,
כַּצְּלָעוֹת הַנּוֹשְׂאוֹת אֶת הַלֵּב. לְכָל מָקוֹם.
הַגּוּף מִתְרוֹקֵן מִקּוֹל דִּמּוּיָיו, וְנֶפֶשׁ קְטַנָּה מַבִּיטָה בַּמַּרְאָה.
כְּשֶׁבִּקַּשְׁנוּ לְהִכָּנֵס אֶל הַחֶדֶר מָצָאנוּ אוֹתוֹ נָעוּל.
חֹר הַמַּפְתֵּחַ פָּעוּר, עַיִן הֲמוּמָה:
הֲכָאן הוּא הָרֶגַע אוֹתוֹ דִּמִּינוּ לְמָקוֹם?
הַגּוּף נִתְרוֹקֵן מֵעִמָּנוּ כַּיֹּפִי הַנָּסוֹג אֶל הַמַּרְאָה כְּשֶׁאָנוּ חוֹלְפִים
אֶל תּוֹךְ הַחֹשֶׁךְ, עָמֹק אֶל תּוֹךְ הַחֹשֶׁךְ.

The body empties

A few more expressions left to light up the mirror. & still, they'll end
    up swallowed.
I see you lit with the secret that wraps around your place
the gaze gently scoops you up
like ribs carry the heart. Everywhere.
The body empties out the sound of its images & a little self looks in
    the mirror.
When we meant to enter the room we found it locked.
Keyhole gaping, stunned eye:
Is this that moment we likened to a place?
The body is emptied of us like beauty that retreats into the mirror as
    we pass
into the dark, deep into the dark.

ירח מבועט

רַק אַחֲרֵי שֶׁשָּׂרִית אָמְרָה לִי לַעֲזֹב אֶת הַבַּיִת
מָצָאתִי אֶת יִשְׂרָאֵל חָפְשִׁיָּה מִדְּאָגוֹת.
כְּלוֹמַר, עֲדַיִן הִבְהֲבוּ פְּגוּעִים
עֲדַיִן הִפְשִׁילוּ תַּחְתּוֹנִים
אֵי-שָׁם בְּמִזְרַח הָאָרֶץ
כְּלוֹמַר גַּם כָּאן מְיַשְּׁרִים קִירוֹת
אֲנִי אוֹמֵר לְעַצְמִי כְּשֶׁאֲנִי פּוֹסֵעַ
חָפְשִׁי כְּמוֹ צְלִיל בָּקוּעַ
אֵי-כָּאן בְּמֶרְכַּז הַנֶּפֶשׁ
כְּלוֹמַר גַּם שָׁם

Kicked away moon

Only after Sarit told me to leave the house
did I find an Israel free of worries.
Meaning, terror strikes were still flashing
underwear still being hiked up
somewhere east in the country
meaning, walls are straightened here too
I tell myself as I pace
free as a breaking note
some-here in the soul's center
meaning, also there

לא חשבתי שכך אפרד

אֲנִי פָּנִיתִי לְדַרְכִּי וְיַקִּיר הָלַךְ לְדַרְכּוֹ.
כְּמוֹ בָּלוֹן שֶׁנִּתַּק מִיָּדוֹ שֶׁל יֶלֶד,
גּוּפִי טִפֵּס לְמַעְלָה וַאֲנִי
נוֹתַרְתִּי אִידְיוֹט עַל הַחוֹף.

לֹא חָשַׁבְתִּי שֶׁאֶטְבֹּל
בְּאוֹתוֹ נָהָר לָרִאשׁוֹנָה.

I didn't think that's how I would part

I turned to go my way & Yakir went his.
Like a balloon broken away from a boy's hand,
my body climbed up & I
remained a fool on the shore.

I didn't think I'd step
into the same river a first time.

ולו בעבור הפלגה אחת

& if only for one launch

***

אָנוּ – גְּלוּחֵי מִין וְדַעַת – מַדְהִירִים תְּשׁוּקוֹתֵינוּ לְאֹרֶךְ הַשָּׂדֶה, רוֹדְפִים אֶת הַמִּלִּים הַבָּאוֹת: בָּאנוּ הַבַּיְתָה! הַצִּמָּאוֹן לוֹגֵם אֶת גּוּפֵינוּ, וְהָרָעָב זוֹחֵל כְּמַקָּק בִּנְחִירֵי הַבַּיִת, מַזְנִיקֵנוּ אֶל הָרְחוֹבוֹת בְּעוֹד שֶׁאָנוּ – גְּלוּחֵי קְסָמִים וּפֶתַע – מְנַסִּים כּוֹחֵנוּ בִּכְתִיבָה: בָּאנוּ הַבַּיְתָה אֶל הַמִּטָּה הַזּוּגִית! יַקִּיר קָפַץ לְחַפֵּן אֶת עַכּוּזוֹ, אֲנִי הָפַכְתִּי מַבָּטִי לְעֶבְרוֹ, וּבְעוֹד הַזְּמַן נוֹבֵר בְּעֲרֵמַת הַזְּמַן, קַמְנוּ וְהֶחְלַטְנוּ: לְהָטִיל קֵיסָם בְּעוּגַת הַלַּיְל הַשָּׁחֹר! כָּל אֶחָד נָגַס עָנָן, יַקִּיר טָבַל פָּנָיו בְּתִמָּהוֹן, מַה יָּכֹלְנוּ לוֹמַר שֶׁלֹּא שָׁתַקְנוּ, מַרְאֵה עֵינַיִם כְּאֶלֶף חִצִּים. וְשָׁקַעְנוּ בַּשִּׁכְחָה וְשָׁכַחְנוּ אֶת הַפְּנִים לְהָטִיל גּוּפֵנוּ לְאָחוֹר, לְמָקוֹם שֶׁאֵין בּוֹ מִין וְאֵין בּוֹ דַּעַת, וְסָגַרְנוּ אֶת הַבַּיִת לַחְלֹץ קוֹלַר שַׁאֲגָתֵנוּ, וְהָפַכְנוּ גְּרוֹנֵנוּ מֵיתָרִים שֶׁהָפְכוּ לְמַנְגִּינָה בְּעוֹד שֶׁאָנוּ – גְּלוּחֵי יֵאוּשׁ וְדֶמַע – גֵּרַדְנוּ זִכְרוֹנוֹת וְעָרַמְנוּ שִׁכְחָה, גּוֹלְלִים צְחוֹקֵנוּ מִן הַקִּיר, דָּבָר זוּלַת קִיר, עַד שֶׁאֲנִי צָעַקְתִּי "יוֹם" וְהַקִּיר הָפַךְ דִּלּוּג, שֶׁהָפַךְ לְהַכָּרָה, וְהֵקַמְנוּ צְוָחָה בְּעוֹד צְנַּת צִפּוֹרֵי הַלַּיְלָה פּוֹשֶׁטֶת תּוֹכֵנוּ לְדֶגֶל סָגֹל שֶׁהָפַךְ צְרִיחַ, שֶׁהָפַךְ צַמְּרוֹת תַּלְתַּלִּים, וְיַקִּיר הִתְרַגֵּשׁ "קָדִימָה", וְהָאֲמִירָה נֶחְנְקָה בְּאֶצְבְּעוֹת הָרוּחַ שֶׁהָפְכוּ לְבָשָׂר כְּשֶׁהַחֶדֶר קָרַס אֶל הַקִּיר שֶׁקִּפֵּל פָּנָיו לְאָחוֹר. וּמָצָאנוּ שִׁכְחָה וְזָכַרְנוּ גְּרוּדִים וּמָצָאנוּ אֶת הַמִּין וְאִבַּדְנוּ אֶת הַדַּעַת וְלָגַמְנוּ, הוֹי כַּמָּה שֶׁלָּגַמְנוּ, מִן הַפֶּצַע הַקּוֹלֵחַ וְרַךְ – שְׂעִירֵי מִין וְטַעַם – אִבַּדְנוּ אֶת הַחֵשֶׁק וְכָתַבְנוּ אֶת עַצְמֵנוּ שֶׁלֹּא לִשְׁכֹּחַ אֶת עַצְמֵנוּ.

***

We—shaved of gender & knowledge—galloping our lusts along the field, chase the following words: we've come home! The thirst gulps our bodies, & the hunger crawls like a cockroach up the house's nose, launches us into the streets while we—shaved of magic & surprise—try our strength at writing: we've come home to the double bed! Yakir leapt to cover his rear end with his hands, I switched my gaze toward him, & while time was still scrabbling in the pile of time, we got up & decided: to thrust a toothpick into the black cake of night! Each took a bite of cloud, Yakir dipped his face in amazement, what could we say that we didn't shush, a scrutiny like a thousand arrows. & we sank into forgetting & forgot the inside to thrust our bodies to the back, to a place where there's neither gender nor knowledge & we closed the house to unshoe the leash of our roars & we turned our throats into strings that turned into melody while we—shaved of despair & weeping—scratched memories & stacked up forgetting, rolling up our laughter from the wall, nothing other than a wall, until I yelled "day" & the wall turned into skipping, which turned into recognition & we established a scream while the chill of the night-birds spread among us into a purple flag that turned into a turret, that turned into treetops of hair curls & Yakir panted "onward" & the phrase was choked by the wind's fingers that turned into flesh as the room crumpled towards the wall that folded its face to the back. & we found forgetting & we remembered scratching & we found gender & we lost knowledge & we gulped, oh how we gulped, from the bubbling wound & thus—unshaven of gender & taste—we lost the urge & we wrote ourselves so we wouldn't forget ourselves.

Endnotes

"Rejoice, Jerusalem"
"Rejoice Jerusalem" is an Israeli folk song with words based on Psalms.

Labor Youth ("The working youth") is a socialist-leaning youth group, somewhat analogous to the Scouts in the U.S.

The German Colony is a scenic neighborhood in Jerusalem established by the *Templars*, a sect of messianic Christians from Germany, in 1873.

Knowledge of the Land is a term for the study of history, geography, songs and folklore of Israel, common in school as well as youth-group activities. The closest equivalent in the US might be "civic studies."

"That's how it is"
Haim Nahman *Bialik* (1873-1934), was one of the pioneers of modern Hebrew poetry and is widely considered Israel's national poet.

"Simple life"
Pardes Chanah is a rustic village on the Mediterranean coast between Tel Aviv and Haifa.

"Dreams too are fried in the east"
Sambusak- pastry filled with cheese, spices, herbs chickpeas, fish,

meat with pine nuts or chickpeas.

"I met Stavit at the beginning of spring"
The female name *Stavit* means "Autumn-one"

"Next ex."
Neve Tzedek - The oldest neighborhood of Tel Aviv. In recent decades it has gentrified and become a hot spot for artists.
A Perfect Peace is the title of a novel by Amos Oz.
Scorpion Ascent- A steep, winding trail in the Eastern Negev desert.

Acknowledgements

Versions of some of the translations have appeared in *Bangalore Review*, *Barbar*, *Body*, *Buffalo*, *Dream Noire*, *E ratio*, *Ezra*, *Modern Literature*, *Topograph*, and *Visions International*. Thanks to Yael Segalovitz, who acquainted me with Ben-Moshe's work; Avishai Inbar, Ilan Wittenberg and my father Robert Alter with whom I conferred; and to Yakir Ben-Moshe, who extended the warmest of welcomes to my efforts.

About the Author

Yakir Ben-Moshe, an Israeli poet of Iraqi descent, won the Prime Minister's Prize for Literature in 2012. He has published five books of poetry and one of children's literature. His poems have been translated into English, Russian, Greek, Chinese and Turkish. He lives with his wife and children in Tel Aviv, where he is the Director of the Bialik House, as well as a teacher of creative writing.

About the Translator

Dan Alter's poems, translations and reviews have been published widely; his first collection "My Little Book of Exiles" won the Poetry Prize for the 2022 Cowan Writer's Awards. "Hills Full of Holes," his second collection, will be published by Fernwood Press in 2025. He lives with his wife and daughter in Berkeley where works at the Magnes Collection of Jewish Art and Life.

The Jewish Poetry Project

jpoetry.us

Ben Yehuda Press

From the Coffee House of Jewish Dreamers: Poems of Wonder and Wandering and the Weekly Torah Portion by Isidore Century

"Isidore Century is a wonderful poet. His poems are funny, deeply observed, without pretension." —*The Jewish Week*

The House at the Center of the World: Poetic Midrash on Sacred Space by Abe Mezrich

"Direct and accessible, Mezrich's midrashic poems often tease profound meaning out of his chosen Torah texts. These poems remind us that our Creator is forgiving, that the spiritual and physical can inform one another, and that the supernatural can be carried into the everyday."
—Yehoshua November, author of *God's Optimism*

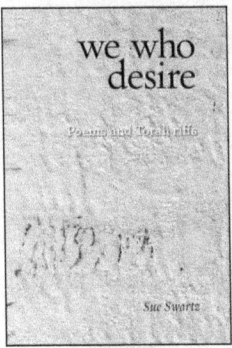

we who desire: Poems and Torah riffs by Sue Swartz

"Sue Swartz does magnificent acrobatics with the Torah. She takes the English that's become staid and boring, and adds something that's new and strange and exciting. These are poems that leave a taste in your mouth, and you walk away from them thinking, what did I just read? Oh, yeah. It's the Bible."
—Matthue Roth, author, *Yom Kippur A Go-Go*

Open My Lips: Prayers and Poems by Rachel Barenblat

"Barenblat's God is a personal God—one who lets her cry on His shoulder, and who rocks her like a colicky baby. These poems bridge the gap between the ineffable and the human. This collection will bring comfort to those with a religion of their own, as well as those seeking a relationship with some kind of higher power."
—Satya Robyn, author, *The Most Beautiful Thing*

Words for Blessing the World: Poems in Hebrew and English by Herbert J. Levine

"These writings express a profoundly earth-based theology in a language that is clear and comprehensible. These are works to study and learn from."
—Rodger Kamenetz, author, *The Jew in the Lotus*

Shiva Moon: Poems by Maxine Silverman

"The poems, deeply felt, are spare, spoken in a quiet but compelling voice, as if we were listening in to her inner life. This book is a precious record of the transformation saying Kaddish can bring. It deserves to be read."
—Howard Schwartz, author, *The Library of Dreams*

is: heretical Jewish blessings and poems by Yaakov Moshe (Jay Michaelson)

"Finally, Torah that speaks to and through the lives we are actually living: expanding the tent of holiness to embrace what has been cast out, elevating what has been kept down, advancing what has been held back, reveling in questions, revealing contradictions."
—Eden Pearlstein, aka eprhyme

Texts to the Holy: Poems
by Rachel Barenblat

"These poems are remarkable, radiating a love of God that is full bodied, innocent, raw, pulsating, hot, drunk. I can hardly fathom their faith but am grateful for the vistas they open. I will sit with them, and invite you to do the same."
—Merle Feld, author of A Spiritual Life.

The Sabbath Bee: Love Songs to Shabbat
by Wilhelmina Gottschalk

"Torah, say our sages, has seventy faces. As these prose poems reveal, so too does Shabbat. Here we meet Shabbat as familiar housemate, as the child whose presence transforms a family, as a spreading tree, as an annoying friend who insists on being celebrated, as a woman, as a man, as a bee, as the ocean."
—Rachel Barenblat, author, The Velveteen Rabbi's Haggadah

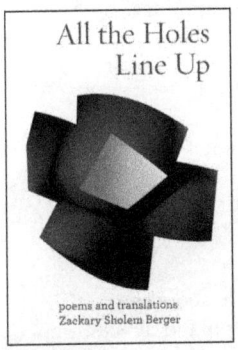

All the Holes Line Up: Poems and Translations
by Zackary Sholem Berger

"Spare and precise, Berger's poems gaze unflinchingly at—but also celebrate—human imperfection in its many forms. And what a delight that Berger also includes in this collection a handful of his resonant translations of some of the great Yiddish poets."
—Yehoshua November, author of God's Optimism and Two World Exist

How to Bless the New Moon:
Songs of the Sovereign and the Icon
by Rachel Kann

"Rachel Kann is a master wordsmith. Her poems are rich in content, packed with life's wisdom and imbued with soul. May this collection of her work enable more of the world to enjoy her offerings."
—Sarah Yehudit Schneider, author of You Are What You Hate

Into My Garden: Prayers
by David Caplan

"The beauty of Caplan's book is that it is not polemical. It does not set out to win an argument or ask you whether you've put your tefillin on today. These gentle poems invite the reader into one person's profound, ambiguous religious experience."
—*The Jewish Review of Books*

Between the Mountain and the Land is the Lesson: Poetic Midrash on Sacred Community by Abe Mezrich

"Abe Mezrich cuts straight back to the roots of the Midrashic tradition, sermonizing as a poet, rather than ideologue. Best of all, Abe knows how to ask questions and avoid the obvious answers."
—Jake Marmer, author, *Jazz Talmud*

NOKADDISH: Poems in the Void
by Hanoch Guy Kaner

"A subversive, midrashic play with meanings–specifically Jewish meanings, and then the reversal and negation of these meanings."
—Robert G. Margolis

An Added Soul: Poems for a New Old Religion
by Herbert J. Levine

"Herbert J. Levine's lovely poems swing wide the double doors of English and Hebrew and open on the awe of being. Clear and direct, at ease in both tongues, these lyrics embrace a holiness unyoked from myth and theistic searching."
—Lynn Levin, author, *The Minor Virtues*

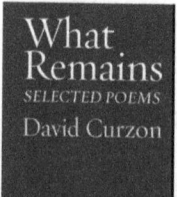

What Remains
by David Curzon

"Aphoristic, ekphrastic, and precise revelations animate WHAT REMAINS. In his stunning rewriting of Psalm 1 and other biblical passages, Curzon shows himself to be a fabricator, a collector, and an heir to the literature, arts, and wisdom traditions of the planet."
—Alicia Ostriker, author of *The Volcano and After*

The Shortest Skirt in Shul
by Sass Oron

"These poems exuberantly explore gender, Torah, the masks we wear, and the way our bodies (and the ways we wear them) at once threaten stable narratives, and offer the kind of liberation that saves our lives."
—Alicia Jo Rabins, author of *Divinity School*, composer of *Girls In Trouble*

Walking Triptychs
by Ilya Gutner

These are poems from when I walked about Shanghai and thought about the meaning of the Holocaust.

Book of Failed Salvation
by Julia Knobloch

"These beautiful poems express a tender longing for spiritual, physical, and emotional connection. They detail a life in movement—across distances, faith, love, and doubt."
—David Caplan, author, *Into My Garden*

Daily Blessings: Poems on Tractate Berakhot
by Hillel Broder

"Hillel Broder does not just write poetry about the Talmud; he also draws out the Talmud's poetry, finding lyricism amidst legality and re-setting the Talmud's rich images like precious gems in end-stopped lines of verse."
—Ilana Kurshan, author of *If All the Seas Were Ink*

The Red Door: A dark fairy tale told in poems
by Shawn C. Harris

"THE RED DOOR, like its poet author Shawn C. Harris, transcends genres and identities. It is an exploration in crossing worlds. It brings together poetry and story telling, imagery and life events, spirit and body, the real and the fantastic, Jewish past and Jewish present, to spin one tale." —Einat Wilf, author, *The War of Return*

The Missing Jew: Poems 1976-2022
by Rodger Kamenetz

"How does Rodger Kamenetz manage to have so singular a voice and at the same time precisely encapsulate the world view of an entire generation (also mine) of text-hungry American Jews born in the middle of the twentieth century?"
—Jacqueline Osherow, author, *Ultimatum from Paradise* and *My Lookalike at the Krishna Temple: Poems*

The Matter of Families
by Robert H. Deluty

"Robert Deluty's career-spanning collection of New and Selected poems captures the essence of his work: the power of love, joy, and connection, all tied together with the poet's glorious sense of humor. This book is Deluty's masterpiece."
—Richard M. Berlin, M.D., author of *Freud on My Couch*

There Is No Place Without You
by Maya Bernstein

"Bernstein's poems brim with energy and sound, moving the reader around a world mapped by motherhood, contemplation, religion, and the effects of illness on the body and spirit. Her language is lyrical, delicate, and poised; her lens is lucid and original."
—Anthony Anaxagorou, author of *After the Formalities*

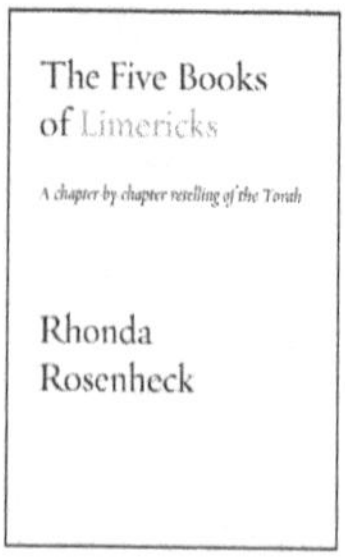

Torah Limericks
by Rhonda Rosenheck

"Rhonda Rosenheck knows the Hebrew Bible, and she knows that it can stand up to the sometimes silly, sometimes snarky, but always insightful scholarship packed into each one of these interpretive jewels."
—Rabbi Hillel Norry

Words for a Dazzling Firmament
by Abe Mezrich

"Mezrich is a cultivated craftsman: interpretively astute, sonically deliberate, and spiritually cunning."

—Zohar Atkins, author of *Nineveh*

Everything Thaws
by R. B. Lemberg

"Full of glacier-sharp truths, and moments revealed between words like bodies beneath melting permafrost. As it becomes increasingly plain how deeply our world is shaped by war and climate change and grief and anger, articulating that shape feels urgent and necessary."
—Ruthanna Emrys, author of *A Half-Built Garden*

Ode to the Dove: *An illustrated, bilingual edition of a Yiddish poem by Abraham Sutzkever*
Zackary Sholem Berger, translator
Liora Ostroff, Illustrator

"An elegant volume for lovers of poetry."
—Justin Cammy, translator of *Sutzkever, From the Vilna Ghetto to Nuremberg: Memoir and Testimony*

Poems for a Cartoon Mouse
by Andrew Burt

"Andrew Burt's poetry magnifies the vanishingly small line between danger and safety. This collection asks whether order is an illusion that veils chaos, or vice-versa, juxtaposing images from the Bible with animated films."
—Ari Shapiro, host of NPR's *All Things Considered*

Old Shul
by Pinny Bulman

"Nostalgia gives way to a tender theology, a softly chuckling illumination from within the heart of/as a beautiful, broken sanctuary, somehow both gritty and fragile, grimy and iridescent – not unlike faith itself."
—Jake Marmer, author of *Cosmic Diaspora*

Feet In L.A., But My Womb Lives In Jerusalem, My Breath In Vermont
by Lori Levy

"Takes my breath away. With no pretense whatsoever, they leap, alive, from the page until this reader felt as if she were living Levy's life. How does the author do it?"
—Mary Jo Balistreri, author of *Still*

Everything Thaws
by R. B. Lemberg

"Full of glacier-sharp truths, and moments revealed between words like bodies beneath melting permafrost. As it becomes increasingly plain how deeply our world is shaped by war and climate change and grief and anger, articulating that shape feels urgent and necessary."
—Ruthanna Emrys, author of *A Half-Built Garden*

Ode to the Dove: *An illustrated, bilingual edition of a Yiddish poem by Abraham Sutzkever*
Zackary Sholem Berger, translator
Liora Ostroff, Illustrator

"An elegant volume for lovers of poetry."
—Justin Cammy, translator of *Sutzkever, From the Vilna Ghetto to Nuremberg: Memoir and Testimony*

Poems for a Cartoon Mouse
by Andrew Burt

"Andrew Burt's poetry magnifies the vanishingly small line between danger and safety. This collection asks whether order is an illusion that veils chaos, or vice-versa, juxtaposing images from the Bible with animated films."
—Ari Shapiro, host of NPR's *All Things Considered*

Old Shul
by Pinny Bulman

"Nostalgia gives way to a tender theology, a softly chuckling illumination from within the heart of/as a beautiful, broken sanctuary, somehow both gritty and fragile, grimy and iridescent – not unlike faith itself."
—Jake Marmer, author of *Cosmic Diaspora*

Feet In L.A., But My Womb Lives In Jerusalem, My Breath In Vermont
by Lori Levy

"Takes my breath away. With no pretense whatsoever, they leap, alive, from the page until this reader felt as if she were living Levy's life. How does the author do it?"
—Mary Jo Balistreri, author of *Still*

Printed in the USA
CPSIA information can be obtained
at www.ICGtesting.com
CBHW020502021024
15218CB00023B/544

9 781963 475470